QuickStudent

QuickStudent

Rezepte: Jo McAuley

Jedes Gericht in drei Varianten
30 Minuten | 20 Minuten | 10 Minuten

First published in Great Britain in 2012 by Hamlyn, an imprint of Octopus Publishing Group Ltd, Endeaver House, 189 Shaftesbury Avenue, London WC2H 8JY. Titel der englischen Originalausgabe: Hamlyn QuickCook: Student. All rights reserved. © 2012 Octopus Publishing Group Ltd, London, GB

Für die deutsche Ausgabe: © 2014 Neuer Umschau Buchverlag GmbH, Neustadt an der Weinstraße
2. Auflage 2014

Rezepte: Emma Lewis
Übersetzung: Annerose Sieck, Neumünster
Lektorat: Sabine Durdel-Hoffmann, Essen
Herstellung: Ortrud Müller – Die Buchmacher, Köln

Printed and bound in China

ISBN: 978-3-86528-722-9

Besuchen Sie uns im Internet: www.umschau-buchverlag.de

Alle Rezepte gehen von den folgenden Mengenumrechnungen für Löffel-Maßangaben aus:
1 Esslöffel (Flüssigkeit oder gestrichen) = 15 ml
1 Teelöffel (Flüssigkeit oder gestrichen) = 5 ml

Bitte heizen Sie Ihren Ofen auf die angegebene Temperatur vor. Bei Heißluft- oder Umluftöfen folgen Sie bitte den Angaben des Herstellers zu Backtemperaturen und -zeiten.

Bitte verwenden Sie für die Rezepte mittelgroße Eier, sofern nicht anders angegeben. Dieses Buch enthält einige Rezepte mit rohen oder nur kurz gekochten Eiern. Gesundheitlich anfällige Personen (Schwangere, stillende Mütter, ältere Menschen, Kranke, Babys und Kleinkinder) sollten Gerichte mit ungekochten oder nur kurz gekochten Eiern meiden.

Dieses Buch enthält Rezepte, in denen Nüsse und Nussprodukte verwendet werden. Allergiker und Menschen, die anfällig für allergische Reaktionen gegen Nüsse sind (Schwangere, stillende Mütter, ältere Menschen, Kranke, Babys und Kleinkinder), sollten Rezepte mit Nüssen und Nussöl meiden. Wir empfehlen außerdem, die Etiketten der verwendeten Produkte auf Angaben zu enthaltenen Nüssen und/oder Nussprodukten zu prüfen.

Zubereitungen mit Alkohol sind nicht für Kinder und Jugendliche geeignet.

FP = Fertigkprodukte | TK = Tiefkühlprodukte

Inhalt

Frühstück, Brunch & Mittagessen 20

Brainfood 72

Zum Chillen 124

Mit Freunden essen 176

Zum Schluss etwas Süßes 228

Einleitung

30, 20, 10 – schnell, schneller, am schnellsten

Mit diesem Kochbuch lässt sich auch mit wenig Zeit lecker kochen: Wähle einfach das Rezept aus, das am besten in deinen Zeitplan passt. Anregungen und Motivation für jeden Tag des Jahres findest du auf den folgenden Seiten.

So funktioniert's

Jedes der Rezepte kann auf dreierlei Art zubereitet werden: als 30-Minuten-Version, 20-Minuten-Version oder als superschnelle 10-Minuten-Version. Am Anfang eines Kapitels sind alle Rezepte nach Zubereitungszeit aufgeführt. Wähle aus, wofür du gerade Zeit hast und schlage die entsprechende Seite auf.

Auf jeder Doppelseite findest du ein Hauptrezept mit Foto und darunter zwei Varianten mit jeweils unterschiedlicher Zubereitungszeit.

Wenn dir das Gericht geschmeckt hat, das du dir ausgesucht hast, möchtest du vielleicht die anderen beiden Variationen zu einem späteren Zeitpunkt ebenfalls ausprobieren. Fandest du die Tarte Margherita (30 Minuten) lecker, kannst aber nur 10 Minuten erübrigen, entdeckst du hier eine Möglichkeit, bei den Zutaten etwas zu schummeln oder einfach kürzere Abläufe zu nutzen.

Wenn du dich für Zutaten und Geschmack des 10-Minuten-Hähnchen-Orangen-Salats begeistern kannst, probiere doch einfach mal etwas mit mehr Substanz, z. B. den 20-Minuten-Hähnchencouscous. Vielleicht hast du sogar Lust, die 30-Minuten-Version des Orangenhähnchens aus dem Ofen zuzubereiten. Alternativ blätterst du am besten einfach durch die 360 köstlichen Rezepte, bis du eines entdeckt hast, dass dich anspricht. Dann bereitest du die Version zu, die in deinen Zeitplan passt.

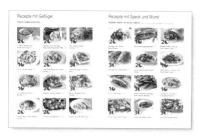

Als anregende Inspiration kannst du einen Blick auf die Zusammenstellung der Rezepte auf den Seiten 12 – 19 werfen. Dort findest du Rezepte nach Themen geordnet, z. B. *Rezepte mit Geflügel* oder *Rezepte mit Speck und Wurst*.

Studentengerichte

Akademische Qualifikationen zu erbringen ist eine Sache, den Haushalt alleine zu schmeißen eine andere. Als weitere kleine Schwierigkeit kommt hinzu, dass man beim Budget auch nicht unbedingt aus dem Vollen schöpfen kann. Aber keine Bange, Kochen und alles, was vorher und nachher damit zusammenhängt, ist wirklich keine Zauberei, sondern in erster Linie Routine und der Spaß am Zubereiten von leckeren, schmackhaften Gerichten. Hat man erst einmal das nötige Know-how, kommt der Rest wie von selbst. Die beste Regel ist: mit viel Kreativität lustvoll einfach ausprobieren!

Auch wenn Fastfood zunächst als die schnellste, billigste und einfachste Lösung erscheint und dazu auch noch schmeckt, lohnt es sich aus vielen Gründen über Alternativen nachzudenken. Fakt ist: Fastfood sättigt nicht so gut wie ein selbst zubereitetes Essen mit ausgewählten Zutaten. Außerdem ist Fastfood in der Regel ein wahrhafter Energiefresser, denn es macht träge und müde. Gib deinem Körper stattdessen doch lieber guten Treibstoff in Form frischer und selbst zusammengestellter Mahlzeiten, die nicht viel kosten und vor allem abwechslungsreich und lecker sind. Hier findest du Vorschläge für jede Gelegenheit, egal, ob du nach einem anstrengenden Tag abends mit einem Riesenhunger nach Hause kommst und nicht mehr viel Zeit fürs Kochen aufbringen willst, oder ob du ein Kochrezept suchst, um Freunde mit deinen Künsten an Topf und Pfanne zu beeindrucken. Ein Kapitel ist nicht nur deinem Magen gewidmet, sondern zielt auch auf die mentale Leistungsfähigkeit ab – mit Zutaten, die die Konzentration fördern und neue Geistespower bringen.

Im Folgenden findest du Anregungen rund ums Kochen und hilfreiche Tipps, wie Kochen Spaß machen kann, auch wenn deine Zeit einmal knapp ist. Du erfährst außerdem, wie du dein Budget am besten nutzen kannst, um köstliche und gesunde Mahlzeiten auf den Tisch zu bringen.

Einkaufstipps

Es gibt ein paar einfache Regeln, die den Einkauf von Lebensmitteln erleichtern und auch für die Haushaltskasse verträglicher machen. Denn wer geschickt einkauft, hat mehr vom Geld! Das Phänomen kennt anscheinend jeder: Man will eigentlich nur ein paar Kleinigkeiten kaufen und verlässt den Shop dann doch mit einem vollbeladenen Wagen. Um das zu vermeiden, lohnt es sich, die Mahlzeiten für eine Woche im Voraus zu planen. Am besten schreibst du eine Liste mit den Zutaten, die wirklich nötig sind, und bleibst beim Einkauf dann auch tatsächlich standhaft. Auch wenn die Süßigkeiten in den Regalen noch so verlockend erscheinen, lieber einmal mehr vorbeigehen und stattdessen zu Grundnahrungsmitteln und anderen vorher notierten Waren greifen. Nicht zu empfehlen ist es auch hungrig in den Supermarkt zu gehen, denn dann füllt sich der Einkaufswagen wie von selbst!

Getrocknete Zutaten und Konserven sind lange haltbar und lassen sich daher gut in größeren Mengen kaufen. Das spart einerseits Zeit und wird andererseits auf Dauer billiger. Im türkischen Lebensmittelhandel zum Beispiel werden Trockenzutaten wie Reis oder Couscous oft in günstigen Großpackungen angeboten. Auch frische Produkte sind dort häufig preiswerter als im Supermarkt oder beim Gemüsehändler. Im asiatischen Lebensmittelhandel finden sich ebenfalls frische Produkte und interessante Gewürze, die den Mahlzeiten viel exotischen Pepp geben. Bei lagerfähigen Produkten ist es auch lohnend auf die Sparaktionen der Supermärkte zu achten. Wer kurz vor der Schließzeit auf den Wochenmarkt geht, bekommt viele der frischen Waren zu besonders günstigen Preisen. Möglicherweise ist die Zutatenzusammenstellung hinterher etwas abenteuerlich, aber das ist doch eine gute Gelegenheit, um in der Küche kreativ zu werden und Neues zu entdecken!

Nahrungsmittel für den Vorratsschrank

Ist stets eine Auswahl an Grundnahrungsmitteln zur Hand, dauern die Einkäufe nicht so lang. Außerdem hast du dann immer etwas im Haus, um daraus einige Mahlzeiten zu zaubern. Die Liste unten gibt eine erste Orientierung über die wichtigsten Posten. Wenn das Geld zur Neige geht, können diese Zutaten die Grundlage für eine supergünstige Mahlzeit sein. Auch wenn eine Schüssel Nudeln mit einem Stück Butter nicht gerade überwältigend ist, so ist sie doch ein sättigendes Abendessen – und sicher fällt dir noch etwas zum Aufpeppen ein. Selbst aus den einfachsten Zutaten kann ein fantastisches Gericht zubereitet werden!

Grundnahrungsmittel im Vorrat

- Backpulver
- Bohnen und Hülsenfrüchte in Dosen
- Bulgur
- Couscous
- Eier
- Fisch in Dosen (Makrele, Sardinen, Thunfisch)
- Gemüse in Dosen (Bohnen, Erbsen, Mais)
- Honig
- Kartoffeln
- Knoblauch
- Marmelade
- Mehl

- Nudeln
- Nüsse
- Öle (Oliven- und Pflanzenöl)
- Reis (Langkornreis, Risottoreis)
- Tomaten in Dosen
- Trockenobst
- Zucker (auch Vanillezucker)
- Zwiebeln

Gewürze, Kräuter & Saucen
- Brühwürfel oder Instantbrühe
- Essig (auch Balsamico)
- gemahlene Gewürze (Ingwer, Koriander, Kreuzkümmel, Zimt)
- gerebelte Kräuter (Basilikum, Oregano, Rosmarin, Thymian)

- Ketchup
- Mayonnaise
- Paprikapulver
- Salz und Pfeffer
- Senf
- Sojasauce (dunkel oder hell)
- Tomatenmark

Vorräte im Tiefkühlfach
- Blätterteig
- Brot (auch Pittabrot oder Weizen-Tortillas)
- Fisch
  Fleisch
- Gemüse (Blattspinat, Karotte, Paprika, Rosenkohl)

Vorräte im Kühlschrank
- Butter
- Chili
- frische Kräuter
- Frühlingszwiebeln
- Joghurt
- Karotten
- Käse (Emmentaler, Gouda, Parmesan)
- Margarine
- Milch
- roher Schinken
- Speck
- Wurst (am besten länger haltbare Dauerwurst)
- Zitronen

Bequemlichkeit ist erlaubt

Ganz einfache Dinge machen das Leben in der Küche leichter. So bietet es sich an, größere Portionen zu kochen und dasselbe Gericht zwei Tage hintereinander zu essen. Oder man verwandelt die Reste mit ein bisschen Fantasie in eine ganz neue Mahlzeit. Wer Fleisch und Tomatensauce übrig hat, gibt einfach eine Dose Kidneybohnen dazu – und schon entsteht ein Chili für den nächsten Tag.

Wer ein paar bewährte Rezepte in der Hinterhand hat, kommt nicht so leicht in die Verlegenheit, wieder einmal eine Fertigpizza in den Ofen zu schieben. du kannst zum Beispiel einfach eine Kartoffel backen und diese mit Thunfisch aus der Dose, Tomaten, Käse oder Bohnen füllen – und schon hast du ein leckeres und noch dazu gesundes Essen. Oder du kochst eine schnelle Tomatensauce, gibst hinzu, was Kühlschrank oder Vorratsregal hergeben – gewürfelten Schinken oder Pilze und Gewürze deiner Wahl – und bereitest das Ganze mit frischer Pasta zu. Ein anderer Tipp ist eine herzhafte Suppe aus Gemüseresten: das Gemüse anbraten, heißes Wasser und einen Brühwürfel zugeben, dann das Gemüse weich kochen und die Suppe fein oder stückig pürieren. Und nicht vergessen: Sind Eier da, gibt es immer eine Mahlzeit, egal, ob hart gekochte Eier mit Brot, gebratene Eier auf Toast oder ein einfaches Käseomelett.

Alle Rezepte sind nur als Anregungen gedacht und können nach Geschmack, Geldbeutel und Verfügbarkeit variiert werden. Wähle die Gewürze nach Belieben und verwende sie ganz individuell nach gewünschter

Intensität – das Gleiche gilt für Zucker. Bei der Kochzeit von Nudeln richtet man sich am besten nach der Packungsangabe, die Nudeln sollten nahezu immer al dente sein. Ist nichts anderes angegeben, handelt es sich bei der zu wählenden Backschiene immer um die mittlere.

Viele Grundzutaten gibt es in guter Qualität als Fertigprodukt (FP) oder im Kühlregal (TK).

Gesund essen

Wer sich gesund ernähren möchte, muss gar nicht viel berücksichtigen. Wichtig ist das Frühstück. Auch wenn die Zeit knapp ist, sollte man nicht darauf verzichten. Ein Smoothie aus Früchten gibt dem Körper die nötige Energie und führt ihm schon etwas von den erforderlichen fünf Portionen Obst und Gemüse pro Tag zu. Auch die Pastasauce lässt sich gut mit Gemüse „anreichern". Auch wer es schafft, zwischendurch statt zu Keksen und Chips eher zu getrockneten oder frischen Früchten zu greifen, lebt sicher gesünder. Damit der Körper alle wichtigen Nährstoffe aufnehmen kann, sollte das Essen abwechslungsreich sein: viel frisches Obst und Gemüse, Fleisch und Fisch.

Achte darauf, Obst und Gemüse richtig zu lagern und möglichst schnell nach dem Kauf zu verzehren. Wer die Fettaufnahme einschränken möchte, sollte nicht so oft braten, sondern sich lieber für eine andere Zubereitungsart entscheiden. Beim Metzger am besten mageres Fleisch wählen.

Wenn es schon eine Pizza sein soll, dann möglichst eine frisch zubereitete, denn so enthält sie weniger Fett und Salz und schmeckt auch besser. Für die Pizza werden auch fertige Böden angeboten.

Den Spaß nicht vergessen!

Einkaufen, Vorbereitung und Kochen sollten keine lästige Pflicht sein. Wer nicht gerne allein in der Küche steht: Freunde einladen, gemeinsam schnippeln, rühren, kochen und braten und natürlich hinterher auch zusammen das Selbstgekochte genießen. Dabei am besten die Rezepte so oft wie möglich variieren, denn so kommt keine Langeweile auf und das Kochen bleibt ein Abenteuer. Also, einfach loslegen, experimentieren und Spaß haben!

Rezepte mit Geflügel

Reich an Proteinen und Aromen

Hühnersuppe mit Pilzen 44

Hähnchen-Ei-Brotaufstrich 60

Thai-Hähnchen-Sandwich 68

Hähnchen-Orangen-Salat 80

Pute mit Salbei und Zitrone 98

Ingwerhähnchen mit Limetten-
reis 112

Sojahähnchen mit Reisnudeln 146

Jalapeño-Burger 162

Pestohähnchen mit Bacon 192

Hähnchen-Speck-Roulade 198

Curry-Putenbrust-Spieße 204

Curry-Nudel-Suppe 218

Rezepte mit Speck und Wurst

Handfeste Gerichte nicht nur zum Frühstück

Gegrillte Kräuterbratwurst mit Bohnen 34

Speck-Ei-Baguette mit Rucola 36

Burger mit Speck 56

Wurstbrötchen 70

Tomaten-Chorizo-Pasta 104

Limabohnensalat mit Bacon 110

Chili-Paprika-Hot-Dog 128

Honig-Senf-Würstchen mit Kartoffelspalten 142

Erbsen-Zucchini-Risotto mit Bacon 150

Chorizopizza 160

Bohnen-Chorizo-Eintopf 172

Wurst-Gemüse-Topf 212

Schneller Energieschub

Damit kommt der Kopf in Topform

Bagel mit Räucherlachs und Frischkäse 42

Räucherlachs-Schnittlauch-Creme 64

Lachs mit Kräuterbutter 76

Couscous mit Paprika und Makrele 86

Lachsküchlein 92

Bohnen-Sardinen-Salat 102

Linsen mit Rote Bete, Ziegenkäse und Makrele 114

Kartoffel-Bohnen-Sardinen-Salat 116

Gebratener Lachs mit Süßkartoffeln 122

Teriyaki-Lachs-Nudeln 180

Makrelensalat mit Zitronendressing 202

Kartoffelsalat mit Sardinen 226

Von Auberginen bis Zucchini

Vegetarischer Genuss mit Vitamingarantie

Porree-Pilz-Pastete 40

Chili-Mais-Bratlinge 46

Senf-Zwiebel-Tartelette 50

Gemüse-Nudel-Topf 82

Grüne-Bohnen-Brokkoli-Salat 96

Linsen mit Rotkohl 108

Bulgur mit gegrilltem Gemüse 138

Paprika-Pilz-Stroganoff 190

Tarte Margherita 206

Geröstete Paprika mit Mozzarella und Couscous 220

Gemüse-Nudel-Pfanne mit Ingwertofu 222

Gemüsecurry mit Reis 224

Alles aus einem Topf

Einfach zuzubereiten und einfach lecker

Französische Zwiebelsuppe mit Käsecroûtons 52

Rindfleisch und Brokkoli aus dem Wok 78

Rindfleisch-Kartoffel-Curry mit Spinat 84

Eintopf mit Paprika, Kidneybohnen und Spinat 90

Kichererbsen-Gemüse-Suppe 94

Knoblauch-Tomaten-Linsen 132

Fischauflauf 136

Bohnen-Gemüse-Suppe 140

Kokos-Garnelen-Curry 210

Früchtepudding 252

Obstsalat 268

Rosinenpudding 276

Kreativ und trotzdem günstig

Tolle Gerichte für jedes Budget

Aprikosen-Pflaumen-Müsli 24

Kartoffelpfanne mit Corned Beef 48

Überbackener Blumenkohl 54

Harissa-Lammsteaks 88

Penne mit Thunfisch und Oliven 130

Kartoffelcurry mit Blumenkohl und Spinat 148

Bratfisch in Zitronenbutter 156

Tomaten-Basilikum-Suppe 182

BBQ-Schweinesteak mit Mais und Reis 208

Vanille-Himbeer-Muffins 236

Hafer-Rosinen-Riegel 248

Schokoladenpfannkuchen 254

Nudeln und Reis

Leckere Gerichte für die große Tafel mit Freunden

Thunfisch-Reis-Salat 58

Nudelauflauf mit Walnüssen und Blauschimmelkäse 100

Karotten-Brokkoli-Gemüse aus der Pfanne 106

Spaghetti mit Fleischbällchen in Tomatensauce 120

Pilzreis mit Ei 134

Spaghetti mit Chili und Anchovis 152

Gnocchi mit Thunfisch 154

Veggie-Nudelsalat 164

Chilipasta mit Erbsen 166

Spaghettini mit Knoblauch und Olivenöl 170

Penne mit Rucolapesto 196

Pilz-Schnittlauch-Risotto 214

Gegen Katerstimmung

Verwöhnrezepte mit Gute-Laune-Faktor

Honig-Müsli-Pfannkuchen 26

Bananen-Heidelbeer-Smoothie 28

Rindfleisch-Erdnuss-Wrap 118

Überbackene Reibekuchen 144

Schweinefleisch süß-sauer 168

Zwiebel-Rindfleisch-Wrap 174

Mexikanischer Chiliburger 184

Lammkebab mit Couscous 186

Panierter Fisch mit Erbsen 216

Schoko-Orangen-Käsekuchen 240

Rhabarberkompott 250

Zitronen-Cupcakes 262

QuickStudent

Frühstück, Brunch & Mittagessen

Rezepte nach Zubereitungszeit

30

2

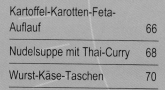

10

1 Aprikosen-Pflaumen-Müsli

Für 4 Personen

75 g Haselnusskerne
75 g getrocknete Aprikosen
50 g getrocknete Pflaumen
75 g Haferflocken
75 g Kleie oder Kleie-Frühstückscerealien
2 EL Sonnenblumenkerne oder gemischte Samen (nach Belieben)

- In einer kleinen Pfanne ohne Fett die Haselnusskerne 4–5 Minuten rösten. Die Pfanne dabei gelegentlich rütteln. Die Nüsse in eine Schüssel oder einen Mörser geben, mit einem Stößel leicht zerdrücken und abkühlen lassen.

- In der Zwischenzeit das Trockenobst hacken und mit Haferflocken, Kleie oder Kleie-Frühstückscerealien, Sonnenblumenkerne oder Samen mischen. Die gerösteten Haselnüsse untermengen und die Mischung auf 4 Schalen oder tiefe Teller verteilen. Mit Milch und Honig sowie nach Belieben mit Bananenscheiben oder Apfelspalten servieren. Das trockene Müsli hält sich luftdicht verschlossen 1 Woche frisch.

 **2 Porridge mit Apriko-
sen und Pflaumen**

In einem kleinen Topf je 100 g gehackte getrocknete Aprikosen und Pflaumen, 100 ml Apfelsaft, ¼ TL gemahlenen Zimt und 2 EL flüssigen Honig mischen. Auf niedriger Stufe in 8–10 Minuten zu einem Sirup einköcheln. Etwas abkühlen lassen. In der Zwischenzeit bei mittlerer Temperatur in einem Topf 150 g feine Haferflocken mit 1 l Milch und 1 Prise Salz aufkochen. Dabei häufig umrühren. 12–15 Minuten bei niedriger Temperatur zu einem cremigen Porridge einkochen. In Schalen füllen und mit den Sirupfrüchten bedecken.

 3 Apfelsaft-Müsli mit Aprikosen und Pflaumen

300 g vom Lieblingsmüsli mit 300 ml Apfelsaft, 200 g Naturjoghurt, 200 ml Milch, 2 EL Honig und je 50 g gehackten getrockneten Aprikosen und Pflaumen mischen. Abgedeckt mindestens 25 Minuten ziehen lassen oder alternativ abgedeckt bis zum nächsten Tag in den Kühlschrank stellen. Mit frischen Bananenscheiben oder Apfelspalten servieren.

Honig-Müsli-Pfannkuchen

Für 4 Personen

150 g Weizenmehl
2 TL Backpulver
2 Eier
280 ml Milch
3 EL flüssiger Honig
200 g Knuspermüsli
50 g Butter

- In eine große Schüssel Mehl und Backpulver sieben und in die Mitte eine Vertiefung drücken. Eier, Milch und Honig in die Vertiefung rühren. Nach und nach die Zutaten miteinander vermischen und zum Schluss das Müsli unterrühren.

- In einer beschichteten Pfanne einen Stich Butter zerlassen. Etwas Teig hineingeben und flachdrücken. Die Pfannkuchen sollten im Durchmesser etwa 8 cm groß sein. Bei mittlerer Hitze 2–3 Minuten backen, bis sich an der Oberfläche Blasen zeigen. Den Pfannkuchen wenden und in 1 Minute goldgelb garen. Aus dem restlichen Teig weitere Pfannkuchen backen und diese im Backofen auf niedriger Temperatur warm halten. Die Teigmenge sollte für 16 kleine Pfannkuchen reichen.

- Die Pfannkuchen auf vorgewärmten Tellern anrichten und sofort mit Honig beträufelt und nach Belieben mit Joghurt servieren.

Müslijoghurt mit Honig Auf den Boden von 4 Bechergläsern jeweils 1 EL flüssigen Honig träufeln. 400 g griechischen Joghurt auf die Gläser verteilen. Jeweils 2–3 EL Müsli daraufgeben und sofort servieren.

Knuspermüsli aus dem Ofen Den Backofen auf 160 °C vorheizen. In einen großen Topf 4 EL Honig und 50 g Butter geben. 200 g Haferflocken, 50 g gehackte Nüsse nach Belieben, 50 g gemischte Kerne oder Sonnenblumenkerne und ½ TL gemahlenen Zimt oder Ingwer unterrühren. Die Mischung gleichmäßig auf einem Blech verteilen und im Backofen 15–20 Minuten backen, bis das Müsli etwas Farbe angenommen hat, zwischendurch einmal wenden. Aus dem Ofen nehmen, etwas abkühlen lassen, dann 75 g Rosinen untermengen. Mit frischer Milch oder Naturjoghurt servieren. Luftdicht verschlossen hält sich das Müsli etwa 1 Woche lang.

1 Bananen-Heidelbeer-Smoothie

Für 4 Personen

6 Bananen
3 Handvoll Heidelbeeren
150 g Früchtemüsli mit Nüssen
600 g Naturjoghurt oder Fruchtjoghurt
600 ml Milch
3–6 EL Ahornsirup oder Honig

- Die Bananen in Scheiben schneiden und mit den Heidelbeeren in einen Mixer geben. Müsli, Joghurt, Milch und Honig oder Ahornsirup zugeben. Das Ganze zu einer glatten, sämigen Creme verarbeiten und zum Servieren in Gläser füllen.

2 Heidelbeerpfannkuchen

In einer großen Schüssel 220 g Mehl und 2 TL Backpulver mischen und in die Mitte eine Vertiefung drücken. 1 leicht verquirltes großes Ei, 1 EL zerlassene Butter und 300 g Buttermilch zugeben und alles zu einem glatten Teig verrühren. 75 g frische oder aufgetaute TK-Heidelbeeren unterziehen. In einer Pfanne 25 g Butter zerlassen und 3–4 EL Teig hineingeben. 2–3 Minuten backen, bis sich an der Oberfläche Blasen bilden, dann vorsichtig wenden und in 1 Minute goldgelb backen. Herausnehmen und warm halten. Aus dem restlichen Teig weitere 11 Pfannkuchen backen. Zum Servieren nach Belieben mit knusprig gebratenem Frühstücksspeck belegen oder mit Ahornsirup beträufeln.

3 Heidelbeermuffins

Den Backofen auf 180 °C vorheizen. In einer großen Schüssel 200 g Mehl, 75 g feinen Zucker, 2 TL Backpulver, ½ TL Vanillezucker (nach Belieben) und 4 EL Müsli mischen. 75 ml Pflanzenöl mit 200 g Naturjoghurt und 2 Eiern verrühren und mit 100 g Heidelbeeren in die Schüssel geben. Die Zutaten mischen. 12 Muffinmulden einfetten, den Teig hineinfüllen und im Backofen 18–20 Minuten backen. Noch warm mit Ahornsirup beträufelt servieren.

30 Banane-Kleie-Muffins

Für 4 Personen

50 g Bananenchips, zerdrückt

200 g Weizenmehl

2 TL Backpulver

½ TL gemahlener Zimt (nach
  Belieben)

50 g feiner brauner Zucker

25 g Kleie

50 g Butter

1 reife Banane

2 Eier

125 g Buttermilch

- Den Backofen auf 180 °C vorheizen. Die Bananenchips mit den Trockenzutaten in eine Schüssel geben. In einer kleinen Pfanne die Butter zerlassen. Die Banane zermusen. In einer weiteren Schüssel die restlichen Zutaten verrühren.

- Alle Zutaten so lange miteinander verrühren, bis ein homogener Teig entsteht. 12 Muffinmulden damit füllen und im Backofen 18–22 Minuten backen. Die Muffins auf einem Kuchengitter leicht abkühlen lassen und noch warm servieren.

---

1 Toast mit Banane und Konfitüre 4 dicke Vollkornbrotscheiben toasten und mit Butter bestreichen. In einer Schüssel 2 reife Bananen mit ¼ TL gemahlenem Zimt und 2 TL flüssigem Honig zermusen. Die Mischung auf die Toasts streichen und jeweils 1 gehäuften TL der Lieblingskonfitüre daraufgeben. Dazu frisch gepressten Orangensaft und Joghurt servieren.

2 Gebackene Banane und Kleieporridge Den Backofen auf 180 °C vorheizen. 4 Bananen in Alufolie wickeln und 10–15 Minuten im Ofen backen, bis die Schale schwarz wird und das Fruchtfleisch weich ist. In der Zwischenzeit in einem Topf 125 g Haferflocken mit 50 g Kleie, 1 l Milch, 1 Prise Salz und ½ TL gemahlenem Zimt (nach Belieben) mischen. Bei mittlerer Hitze aufkochen, dabei regelmäßig umrühren. Das Porridge bei schwacher Hitze 12–15 Minuten unter häufigem Rühren cremig köcheln. Das weiche Bananenfruchtfleisch in das heiße Porridge rühren. In Schalen anrichten und mit etwas braunem Zucker bestreut servieren.

Eier Benedikt mit Schinken

Für 2 Personen

4 Eier
2 TL Weißwein- oder Apfelessig
15 g Butter
15 g Sauce hollandaise (FP)
150 ml Milch
4 Toastscheiben
150 g dünne Kochschinkenscheiben
frisch gemahlener Pfeffer

- Die Eier jeweils in eine Tasse aufschlagen. Einen großen Topf gut zur Hälfte mit Wasser füllen und dieses langsam zum Köcheln bringen. Den Essig zugeben und so lange umrühren, bis ein Strudel entsteht. Vorsichtig 1 Ei ins Wasser gleiten lassen, gefolgt von einem zweiten. 3 Minuten kochen. Mit einem Schaumlöffel herausnehmen und warm halten. Die restlichen beiden Eier ebenso garen.

- In der Zwischenzeit in einem Topf die Butter zerlassen und die Sauce hollandaise zugeben. Dann langsam die Milch einrühren. Die ganze Zeit rühren, damit nichts ansetzt. Kurz aufkochen lassen, dann die Hitze reduzieren und 1–2 Minuten köcheln.

- Die Brotscheiben toasten und auf Tellern anrichten. Jede Scheibe mit etwas Schinken belegen, dann jeweils 1 pochiertes Ei darauflegen. Mit Sauce beträufelt und mit Pfeffer bestreut servieren.

Ei-Schinken-Tortilla Den Backofengrill auf mittlere Temperatur vorheizen. In einer Pfanne 25 g Butter zerlassen und 3 in dünne Scheiben geschnittene Frühlingszwiebeln etwa 4 Minuten darin braten. In der Zwischenzeit 5 Eier mit etwas Salz und frisch gemahlenem Pfeffer verquirlen. 100 g geröstete rote Paprika aus dem Glas klein schneiden, 200 g Kochschinken würfeln und mit 1 EL Schnittlauchröllchen unter die Eier rühren. Die Mischung in der Pfanne 4–5 Minuten stocken lassen. 125 g Feta darüberkrümeln und die Tortilla unter dem Grill in 6–7 Minuten goldgelb backen. Alternativ die Tortilla in der Pfanne wenden und 1–2 Minuten braten. Mit dem zerkrümelten Käse bedecken. Die Tortilla in Stücke geschnitten servieren.

Eier mit Schinken aus dem Ofen Den Backofen auf 200 ˚C vorheizen. In einer großen Pfanne 25 g Butter zerlassen und 3 in dünne Scheiben geschnittene Frühlingszwiebeln bei mittlerer Hitze in 3–4 Minuten darin weich braten. 125 g Spinatblätter waschen, unter die Zwiebeln rühren und 1–2 Minuten etwas zerfallen lassen. 200 g rohen Schinken würfeln. Die Pfanne vom Herd ziehen und den Schinken sowie 1 EL Schnittlauchröllchen oder gehackte Petersilienblätter einrühren, würzen. Eine Auflaufform buttern, die Spinat-Schinken-Mischung hineinfüllen, dann vorsichtig 4 Eier darauf aufschlagen. Mit 100 g Sahne übergießen und das Ganze mit geriebenem Parmesan bestreuen. Im Backofen 15–20 Minuten backen. Die Eier sollten fest, aber die Eigelbe noch weich sein. Dazu knuspriges Brot reichen. Alternativ die Mischung auf 2 kleine Formen aufteilen und 10–15 Minuten garen lassen.

Gegrillte Kräuterbratwurst mit Bohnen

Für 2 Personen

4 Kräuterbratwürste
1 EL Pflanzenöl
1 Knoblauchzehe, zerdrückt
1 TL Paprikapulver
1 TL Zwiebelpulver
1 Dose weiße Bohnen (400 g),
  abgespült, abgetropft
1 Dose Passata (400 g, passierte
  Tomaten)
1 TL Worcestersauce
1 TL brauner Zucker oder Rübensirup
4 Scheiben Brot
100 g geriebener Gouda
Salz und frisch gemahlener Pfeffer
Butter zum Bestreichen

- Den Backofengrill auf mittlerer Stufe vorheizen. Die Würste auf ein mit Folie belegtes Backblech geben und etwa 15 Minuten grillen, bis sie goldbraun und gar sind. Mehrmals wenden. Aus dem Ofen nehmen und warm halten. Alternativ die Würste mit wenig Fett in einer Pfanne braten.

- In der Zwischenzeit in einem Topf 1 EL Pflanzenöl erhitzen und den Knoblauch 1 Minute darin anbraten, dann das Paprikapulver zugeben und 1 Minute mitdünsten. Zwiebelpulver, Bohnen, Passata, Worcestersauce und Zucker oder Rübensirup hinzufügen und alles etwa 15 Minuten sanft köcheln lassen, bis die Bohnen weich sind und die Sauce eine sämige Konsistenz hat.

- Kurz vor Ende der Garzeit von Bohnen und Wurst das Brot rösten und mit Butter bestreichen.

- Die Wurst in dicke Scheiben schneiden und mit der Bohnensauce mischen, abschmecken. Nach Belieben den Käse einrühren oder zum Schluss den Toast damit bestreuen.

Rührei mit Wurst In einer Schüssel 4 Eier mit 3 EL Milch und 1 Prise Salz sowie frisch gemahlenem Pfeffer verquirlen. In einer beschichteten Pfanne 25 g Butter zerlassen und die Eier zugeben. 4 Wiener Würstchen in dünne Scheiben schneiden. Wenn die Eier beginnen fest zu werden, bei schwacher Hitze 3–4 Minuten weiterrühren. Die Würstchen zugeben und miterhitzen. Das Rührei sollte gar, aber nicht zu fest sein. Zum Servieren auf gebutterten Toast geben.

Wurst und Speck mit Ei In einer großen beschichteten Pfanne 2 EL Pflanzenöl erhitzen und 4 dünne Schweinswürste darin bei mittlerer Hitze unter Wenden 10–12 Minuten braten. Aus der Pfanne nehmen und beiseitestellen. 4 Scheiben Rückenspeck in die Pfanne legen und 2–3 Minuten von jeder Seite knusprig braten, herausnehmen. Währenddessen (eventuell die Pfanne kurz vom Herd ziehen) 200 g Pilze putzen und in dicke Scheiben schneiden, dann in der Pfanne bei mittlerer Hitze 4–5 Minuten braten. Würste und Speck wieder hinzufügen und alles vorsichtig mischen, würzen. In jede Pfannenhälfte 1 Ei aufschlagen und 3–5 Minuten garen. Auf 2 Tellern anrichten und mit gebuttertem Toast servieren.

Speck-Ei-Baguette mit Rucola

Für 2 Personen

25 g Butter oder Margarine

3 Eier

1 EL Schnittlauchröllchen

6 Scheiben durchwachsener Speck
ohne Schwarte

2 kleine Baguettes

Lieblingssauce (z. B. Ketchup, BBQ-
Sauce, Mayonnaise)

2 Handvoll Rucola

Salz und frisch gemahlener Pfeffer

- Den Backofengrill auf mittlerer Stufe vorheizen. In einer großen Pfanne die Butter oder die Margarine zerlassen. In einer Schüssel die Eier mit Schnittlauch, Salz und Pfeffer verquirlen. Die Mischung in die Pfanne geben und diese leicht schwenken, damit sich das Ei gut verteilt. Bei mittlerer Hitze 2–3 Minuten stocken lassen, bis der Boden goldgelb ist. Wenden und 2 Minuten von der anderen Seite garen, bis das Ei fest geworden ist. Aus der Pfanne nehmen, etwas abkühlen lassen und quer in Scheiben schneiden.

- Während das Ei gart, den Speck in einer Grillschale oder ofenfesten Form unter dem Grill in 4–5 Minuten knusprig backen. Alternativ den Speck in einer kleinen Pfanne knusprig braten.

- Die Baguettes aufschneiden und mit der Lieblingssauce bestreichen. Mit Ei, Speck und Rucola belegen und sofort servieren.

Panini mit Speck, Ei und Käse In einer Pfanne 1 EL Pflanzenöl erhitzen und 6 Scheiben durchwachsenen Speck ohne Schwarte darin bei mittlerer Hitze in 4–5 Minuten knusprig braten, einmal wenden. Den Speck auf Küchenpapier abtropfen lassen. 2 große Brötchen aufschneiden und jeweils mit 2 TL grobkörnigem Senf oder der Lieblingssauce bestreichen, mit knusprigem Speck belegen. 100 g in Scheiben geschnittenen Käse nach Geschmack darauflegen. ½ rote Zwiebel in dünne Scheiben schneiden, auf den Käse legen und die obere Brötchenhälfte fest andrücken. Eine Pfanne erhitzen und die Brötchen hineinlegen. Mit einem Topf beschweren und bei mittlerer Hitze 2–3 Minuten anbraten. Wenden und von der anderen Seite 2–3 Minuten anbraten, bis der Käse zerläuft. In der Zwischenzeit in einer weiteren Pfanne 2 Eier aufschlagen und 3–4 Minuten braten. Paninis aus der Pfanne nehmen und jeweils mit 1 gebratenen Ei servieren.

Spanisches Omelett Den Backofen auf mittlerer Stufe vorheizen. In einer Pfanne 1 EL Öl und 1 EL Butter erhitzen. 4 Scheiben Speck würfeln und bei mittlerer Hitze 5–6 Minuten darin braten. 1 Zwiebel in Scheiben schneiden und zugeben, in 7–8 Minuten weich braten. In der Zwischenzeit in einer Schüssel 3 Eier mit 1 EL Schnittlauchröllchen und je 1 Prise Salz und frisch gemahlenem Pfeffer verquirlen. Die Temperatur reduzieren, die Eimischung in die Pfanne geben und das Ganze in 4–5 Minuten stocken lassen. 100 g geriebenen Emmentaler darüberstreuen. 5–8 Minuten im Ofen goldgelb backen. Zum Servieren in Stücke schneiden.

1⃝ Brunch-Quesadillas

Für 2 Personen

4 Weizen-Tortillas (FP)

200 g Bohnenmus (alternativ pürierte Kidneybohnen aus der Dose)

1 kleine Avocado, geschält, entkernt, gewürfelt

2 Tomaten, gewürfelt

125 g geriebener Mozzarella

Salz und frisch gemahlener Pfeffer

- Zwei Tortillas mit dem Bohnenmus bestreichen, dann mit Avocado- und Tomatenwürfeln bestreuen, würzen. Den Mozzarella darübergeben und eine zweite Tortilla auflegen.

- Eine große Pfanne auf mittlere Temperatur erhitzen und die Quesadillas darin nacheinander 1–2 Minuten anbraten, dann wenden und die andere Seite ebenso braten. In Stücke schneiden und nach Belieben zu Eisbergsalat servieren.

2⃝ Scharfe Burritos

In einer Pfanne bei mittlerer Temperatur 2 EL Pflanzenöl erhitzen. 1 Zwiebel in Scheiben schneiden und in 6–7 Minuten darin weich dünsten. 200 g Pilze putzen und in dicke Scheiben schneiden, zugeben und 4–5 Minuten mitdünsten. 100 g Mais aus der Dose (abgetropft) und 4 in Scheiben geschnittene Wiener Würstchen unterrühren und 1–2 Minuten erhitzen. Vegetarier nehmen statt Wurst 200 g abgespülte und abgetropfte Kichererbsen aus der Dose. Die Füllung auf 4 Weizen-Tortillas (FP) verteilen und jeweils 1 EL scharfe Tomatensalsa und einige Tropfen Tabasco daraufgeben. Mit 75 g gewürfeltem Mozzarella bestreuen. Jede Tortilla aufrollen und noch heiß servieren.

3⃝ Überbackene Enchiladas

Den Backofen auf 200 °C vorheizen. 100 g Mais und 200 g Kichererbsen aus der Dose abtropfen lassen. 2 Frühlingszwiebeln in dicke Scheiben und 1 Mozzarellakugel (125 g) in Würfel schneiden. In einer größeren Schüssel Mais, Kichererbsen, Frühlingszwiebeln und die Hälfte des Mozzarellas mit 200 g mexikanischer Sauce (z. B. Enchiladasauce oder Fajitasauce) oder ½ Dose gehackten Tomaten (200 g) mischen, abschmecken. Die Füllung auf 4 Weizen-Tortillas (FP) verteilen, diese fest aufrollen und nebeneinander in eine kleine Auflaufform setzen. Weitere 200 g mexikanische Sauce oder Tomaten dazugeben und den restlichen Mozzarella darüberstreuen. Im Backofen in 15–20 Minuten goldgelb backen. Nach Belieben mit einem Klecks Schmand servieren.

Porree-Pilz-Pastete

Für 4 Personen

2 Porreestangen

500 g Pilze

50 g Butter

200 g Frischkäse

1 TL gerebelter Estragon

500 g Blätterteig (FP)

Mehl für die Arbeitsfläche

1 kleines Ei, verquirlt

Salz und frisch gemahlener Pfeffer

- Den Backofen auf 200 °C vorheizen. Die Porreestangen putzen und in Scheiben schneiden. Die Pilze putzen und halbieren oder vierteln. In einer großen Pfanne 50 g Butter zerlassen und den Porree darin bei mittlerer Hitze 3 Minuten unter häufigem Rühren andünsten. Die Pilze hinzufügen und in 4–5 Minuten goldgelb dünsten. Frischkäse und Estragon unterrühren.

- In der Zwischenzeit den Blätterteig auf einer leicht bemehlten Arbeitsfläche ausrollen und 4 gleichmäßige Kreise ausschneiden (je 20 cm Durchmesser). Einen 1 cm breiten Rand mit etwas verquirltem Ei bestreichen.

- Die Porree-Pilz-Mischung mit Salz und Pfeffer würzen und auf die 4 Teigkreise verteilen. Die Kreise zu Taschen zusammenlegen und die Ränder zusammendrücken.

- Die Pasteten auf ein Backblech legen, mit dem restlichen Ei bestreichen und im Backofen in ungefähr 18 Minuten goldgelb backen. Noch warm servieren.

Toast mit Porree und Pilzen In einer Pfanne 75 g Butter zerlassen und 2 geputzte, in Scheiben geschnittene Porreestangen sowie 250 g geputzte, klein geschnittene Pilze hinzufügen. Mit Salz und frisch gemahlenem Pfeffer würzen und nach Belieben 1 EL gehackte Estragonblättchen zugeben. Bei mittlerer Hitze 8–10 Minuten dünsten. Hin und wieder umrühren. 4 dicke Scheiben Brot toasten, jeweils mit 1 EL Frischkäse bestreichen und auf Tellern anrichten. Die Porree-Pilz-Mischung daraufgeben und servieren.

Porree-Pilz-Frittata Den Backofen auf mittlerer Stufe vorheizen. In einer großen Pfanne 50 g Butter zerlassen und 2 geputzte, in Scheiben geschnittene Porreestangen sowie 250 g geputzte, klein geschnittene Pilze zugeben. Bei mittlerer Hitze 8–10 Minuten dünsten. 600 g gegarte und in Scheiben geschnittene Kartoffeln hinzufügen und 1 Minute miterhitzen. In der Zwischenzeit 5 Eier mit je 1 Prise Salz und frisch gemahlenem Pfeffer sowie 1 TL gerebeltem Estragon verrühren, in die Pfanne geben und alles bei mittlerer Hitze 5–6 Minuten stocken lassen, bis die Eimischung fest ist. 3 EL geriebenen Parmesan darüberstreuen und 4–5 Minuten im Ofen überbacken. In Stücke schneiden und mit einem frischen grünen Salat servieren.

Bagel mit Räucherlachs und Frischkäse

Für 4 Personen

4 einfache Bagel oder Zwiebelbagel
6 EL Frischkäse
¼ Salatgurke
125 g Räucherlachsscheiben
1 EL Schnittlauchröllchen
4 TL Zitronensaft
frisch gemahlener Pfeffer

- Den Backofen auf mittlerer Stufe vorheizen. Die Bagel halbieren und mit der Schnittfläche nach oben auf ein Backblech legen und etwa 2–3 Minuten anrösten.

- Die unteren Hälften mit Frischkäse bestreichen. Die Salatgurke in Scheiben schneiden und diese auf dem Frischkäse verteilen. Den Räucherlachs daraufgeben und mit Schnittlauch bestreuen. Mit Zitronensaft beträufeln und gut mit Pfeffer würzen. Die oberen Hälften auflegen und servieren.

Rührei mit Lachs

Den Backofen auf mittlerer Stufe vorheizen. In einer großen Pfanne 50 g Butter zerlassen. 2 Schalotten fein hacken und in der Butter 7–8 Minuten braten. In einer Schüssel 8 Eier mit 75 ml Milch, 50 g Frischkäse und reichlich frisch gemahlenem Pfeffer verrühren. Die Eimischung in die Pfanne gießen und bei sehr schwacher Hitze unter Rühren 5–6 Minuten stocken lassen. In der Zwischenzeit 4 Bagel im Backofen anrösten. Mit Butter bestreichen und auf Tellern anrichten. Das Rührei und jeweils 125 g Räucherlachs zugeben. Mit 1 EL Schnittlauchröllchen und frisch gemahlenem Pfeffer bestreuen.

Lachs-Kräuter-Tarte

Den Backofen auf 200 °C vorheizen. 300 g Blätterteig ausrollen und den Boden einer Tarteform (23 cm Durchmesser) damit auslegen. 125 g Räucherlachs in Streifen schneiden und den Teig gleichmäßig damit bedecken. In einer Schüssel 4 Eier, 2 EL Frischkäse, 1 EL Schnittlauchröllchen, 1 Prise Salz und reichlich frisch gemahlenen Pfeffer verrühren, die Mischung über den Lachs gießen. Im Backofen in 20–25 Minuten goldgelb backen. In Stücke geschnitten heiß oder kalt servieren.

Hühnersuppe mit Pilzen

Für 4 Personen

1 Zwiebel
1 Porreestange
400 g Pilze
2 EL Olivenöl
750 ml Hühnerbrühe
250 g gegartes Hähnchenfleisch
50 g Sahne
Salz und frisch gemahlener Pfeffer

- Die Zwiebeln hacken, den Porree putzen und in Scheiben schneiden und die Pilze ebenfalls hacken. In einem großen Topf 2 EL Olivenöl erhitzen. Zwiebeln und Porree bei mittlerer Hitze 7–8 Minuten darin weich dünsten.

- Die Pilze unterrühren und in 3–4 Minuten weich braten. Die Brühe zugießen, aufkochen und alles 5–6 Minuten köcheln lassen beziehungsweise so lange, bis das Gemüse weich ist.

- Den Topf vom Herd nehmen und alles mit einem Pürierstab zu einer cremigen Suppe verarbeiten. Alternativ die Suppe durch ein Sieb passieren oder eine stückige Suppe servieren. Das Hähnchenfleisch zerkleinern und mit der Sahne in die Suppe rühren. Abschmecken und 1 Minute erhitzen, aber nicht mehr kochen. Nach Belieben mit Brot servieren.

Gegrillte Pilze Den Backofen auf mittlerer Stufe vorheizen. 12 große flache Pilze mit etwas Öl bestreichen und auf ein mit Alufolie belegtes Backblech setzen. Mit Salz und frisch gemahlenem Pfeffer bestreuen und im Backofen 4–5 Minuten garen. Herausnehmen, jeweils 1 EL Knoblauch-Kräuter-Doppelrahmkäse daraufgeben und weitere 1–2 Minuten backen. Auf getoastetem Brot oder mit einem Salat servieren.

Pilz-Hähnchen-Pie Den Backofen auf 200 °C vorheizen. In einer Pfanne 25 g Butter zerlassen. 2 geputzte, in Scheiben geschnittene Porreestangen und 400 g geputzte, halbierte Pilze zugeben und 7–8 Minuten braten. Ab und zu umrühren. Mit 150 g Béchamelsauce (FP), 225 g gegartem, zerkleinertem Hähnchenfleisch und 75 g Knoblauch-Kräuter-Doppelrahmkäse gut vermischen und würzen, dann in eine Auflaufform füllen. 500 g Kartoffelpüree (aus frisch gekochten Kartoffeln, kalt aus Kartoffeln vom Vortag oder FP) darauf verstreichen und mit 100 g geriebenem Emmentaler bestreuen. Im Backofen in 15–18 Minuten goldgelb backen.

Chili-Mais-Bratlinge

Für 4 Personen

50 g Weizenmehl

1 TL Backpulver

2 Eier

2 EL süße Chilisauce zzgl. etwas
zum Dippen

2 Dosen Mais (je 200 g), abgetropft

50 g Butter

Salz und frisch gemahlener Pfeffer

- In einer Schüssel Mehl, Backpulver, Eier und Chilisauce verrühren, dann den Mais unterheben und würzen.

- In einer Pfanne ein Drittel der Butter zerlassen und 5–6 EL vom Teig in die Pfanne geben. Jeweils flach zu kleinen Küchlein drücken. Bei mittlerer Hitze 3 Minuten braten, wenden und weitere 2–3 Minuten garen. Die Bratlinge im Backofen warm halten.

- Mit der restlichen Butter und dem restlichen Teig weitere Küchlein, insgesamt etwa 16 Stück, backen.

- Heiß servieren, nach Belieben Chilisauce zum Dippen dazureichen.

Mais-Käse-Chili-Brötchen Den Backofen auf mittlerer Stufe vorheizen. 4 Vollkornbrötchen halbieren und toasten. In der Zwischenzeit 150 g geriebenen Emmentaler mit 3 EL süßer Chilisauce, 2 EL Schnittlauchröllchen und 1 Dose Mais (200 g) verrühren. Mit Salz und frisch gemahlenem Pfeffer würzen. Die Brötchen dick mit der Mischung bestreichen und auf ein mit Backpapier belegtes Blech setzen. Im Backofen 3–4 Minuten erhitzen, bis der Käse zerläuft. Heiß mit zusätzlicher Chilisauce servieren.

Chili-Mais-Muffins Den Backofen auf 200 °C vorheizen. In eine große Schüssel 225 g Weizenmehl sieben, 1 TL Backpulver und je ½ TL Salz und frisch gemahlenen Pfeffer zugeben und vermischen. 50 g weiche Butter unterarbeiten, bis das Ganze eine streuselartige Konsistenz hat. 1 EL Schnittlauchröllchen unterkneten und beiseitestellen. 1 Ei mit 2 EL süßer Chilisauce, 125 ml Milch, 75 ml Pflanzenöl und 100 g Mais aus der Dose (abgetropft) mischen. Nun alle Zutaten gut miteinander vermengen.

12 Muffinformen fetten, den Teig einfüllen und mit 50 g geriebenem Emmentaler bestreuen. Im Backofen in 18–20 Minuten goldgelb backen.

30 Kartoffelpfanne mit Corned Beef

Für 4 Personen

750 g Kartoffeln
1 Dose Corned Beef (350 g)
1 große Zwiebel
2 Knoblauchzehen
3 EL Pflanzenöl
Salz und frisch gemahlener Pfeffer

- Die Kartoffeln schälen und in einem großen Topf in reichlich Salzwasser garen, abgießen.

- Abkühlen lassen und dann in mundgerechte Würfel schneiden, das Corned Beef grob hacken. Die Zwiebeln und den Knoblauch ebenfalls hacken. In einer beschichteten Pfanne 2 EL vom Pflanzenöl erhitzen und Zwiebeln und Knoblauch darin bei mittlerer Temperatur in etwa 7–8 Minuten weich dünsten.

- Das restliche Öl in die Pfanne geben und Kartoffeln und Corned Beef hinzufügen, gut mischen und kräftig würzen. Unter gelegentlichem Rühren weitere 10–15 Minuten dünsten, bis die Kartoffeln knusprig sind.

- Auf 4 vorgewärmten Tellern anrichten und jeweils mit einem gebratenen Spiegelei belegen. Nach Belieben mit gehackten Petersilienblättern bestreuen. Dazu eine Sauce nach Wahl reichen.

1 **Zwiebelbagel mit Corned Beef** In einer Pfanne 2 EL Pflanzenöl erhitzen und 1 in dicke Scheiben geschnittene Zwiebel darin in 8–10 Minuten weich garen. 4 Zwiebelbagel aufschneiden und toasten. 1 EL Mayonnaise mit 1 EL grobkörnigem Senf verrühren und die unteren Hälften der Bagel damit bestreichen. 350 g Corned Beef aus der Dose in Scheiben schneiden und darauf anrichten. Auf Teller legen und mit den Zwiebeln und den oberen Hälften bedecken.

2 **Corned-Beef-Bratlinge** In einer Schüssel 2 Eier mit 100 g Weizenmehl, 2 TL Backpulver und 100 ml Milch zu einem glatten Teig verrühren. 350 g Corned Beef aus der Dose und 175 g gegarte Kartoffeln klein würfeln. Mit 2 EL gehackten Petersilienblättern und 2 fein gehackten Frühlingszwiebeln unter den Teig rühren, würzen. In einer Pfanne 2 EL Pflanzenöl erhitzen und gehäufte Esslöffel vom Teig hineingeben. Etwas flach drücken, sodass im Durchmesser ca. 10 cm große Kreise entstehen. Bei mittlerer Hitze 2 Minuten von jeder Seite braten, auf Küchenpapier abtropfen lassen und warm stellen. Mit dem restlichen Teig weitere Bratlinge (insgesamt 12) zubereiten, jedes Mal etwas Öl zugeben. Heiß servieren, Ketchup oder eine andere Sauce zum Dippen dazureichen.

Brie-Zwiebel-Tartelette

Für 2 Personen

275 g Blätterteig (FP)
2 EL grobkörniger Senf
150 g Brie
1 EL Milch
½ kleine rote Zwiebel
½ TL gerebelter Thymian
Salz und frisch gemahlener Pfeffer

- Den Backofen auf 200 °C vorheizen. Aus dem Blätterteig 2 Rechtecke formen. Beide auf ein Backblech legen. Die Teigplatten mit Senf bestreichen, dabei einen 1 cm breiten Rand lassen. Den Brie in Scheiben schneiden und auf die Platten legen, dabei die Ränder freilassen und mit Milch bestreichen.

- Die Zwiebeln in feine Scheiben schneiden. Zwiebeln auf dem Brie verteilen, mit Thymian bestreuen, nach Belieben würzen. Die Tartelettes im Backofen in 12–15 Minuten knusprig backen.

- Mit einem grünen Salat servieren.

Ziegenkäse-Zwiebel-Schnitten Den Backofen auf mittlerer Stufe vorheizen. 1 Baguette schräg in dicke Scheiben schneiden. Jede Scheibe mit ½ TL grobkörnigem Senf bestreichen. ½ kleine rote Zwiebel in dünne Scheiben schneiden und das Baguette damit belegen. Je 1 Scheibe Ziegenkäse darauflegen und im Ofen 3–4 Minuten backen, bis der Käse zerläuft. Auf Salatblättern anrichten.

Zwiebel-Porree-Tarte Den Backofen auf 190 °C erhitzen. In einer großen Pfanne 50 g Butter zerlassen. 3 Porreestangen putzen und in Scheiben schneiden. 1 rote Zwiebel ebenfalls in Scheiben schneiden. Beides in der Butter bei mittlerer Hitze unter gelegentlichem Rühren etwa 10 Minuten dünsten, würzen. In der Zwischenzeit 450 g Blätterteig (FP) auf ein Backblech legen und rundherum einen 1,5 cm breiten Rand einritzen. Die Ränder mit Milch bestreichen. 2 EL grobkörnigen Senf mit 2 EL Frischkäse verrühren und jeweils die Teigmitte damit bestreichen. Die Porree-Zwiebel-Mischung darauf verteilen und mit 150 g in Scheiben geschnittenem Brie belegen. Im Backofen in 18–20 Minuten knusprig backen, bis der Käse zerläuft.

30 Französische Zwiebelsuppe mit Käsecroûtons

Für 2 Personen

3 große Zwiebeln
2 Knoblauchzehen
50 g Butter
1 EL Weizenmehl
500 ml Rinderbrühe
1 TL gerebelter Thymian
1 kleines Baguette
100 g geriebener Emmentaler
Salz und frisch gemahlener Pfeffer

- Den Backofen auf mittlerer Stufe vorheizen. Die Zwiebeln in dünne Scheiben schneiden und den Knoblauch grob hacken. In einem großen Topf 50 g Butter zerlassen und bei mittlerer Hitze die Zwiebeln etwa 15 Minuten unter gelegentlichem Rühren goldgelb dünsten. Den Knoblauch zugeben und weitere 5 Minuten dünsten, bis die Zwiebeln ein tiefes Goldgelb angenommen haben. Das Mehl etwa 1 Minute einrühren.

- Rinderbrühe und Thymian hinzufügen, das Ganze aufkochen und 8–10 Minuten köcheln, damit sich die Aromen entfalten können. Abschmecken.

- In der Zwischenzeit das Baguette in Scheiben schneiden, diese halbieren und mit geriebenem Emmentaler bestreuen. Im Ofen 2–3 Minuten backen, bis der Käse zerlaufen ist und eine goldgelbe Farbe angenommen hat.

- Die Suppe in 2 Schalen füllen und mit den Käsecroûtons belegen.

1 Sandwich mit Käse und Zwiebeln

150 g Camembert in Scheiben schneiden. 2 Brotscheiben jeweils mit 1 EL Chutney (Zwiebelchutney oder nach Belieben) bestreichen und 1 Scheibe Käse darauflegen. 1 Frühlingszwiebel fein schneiden und darüberstreuen, würzen, dann mit der zweiten Brotscheibe bedecken. In einer Pfanne 25 g Butter zerlassen und die Sandwiches darin bei mittlerer Hitze von jeder Seite etwa 1–2 Minuten knusprig braten. Heiß mit einem Salat servieren.

2 Croque Madame

Den Backofen auf mittlerer Stufe vorheizen. ½ rote Zwiebel in feine Scheiben schneiden und diese mit 150 g geriebenem Emmentaler, 1 EL grobkörnigem Senf und 1 EL Crème fraîche verrühren. Die Mischung auf 2 dicke, getoastete und gebutterte Brotscheiben streichen und jeweils mit 50 g dünn geschnittenem Kochschinken belegen. Im Backofen warm halten. 1 EL Pflanzenöl in die Pfanne geben und 2 Eier darin aufschlagen. Bei mittlerer Hitze 3–5 Minuten braten. Die Brote jeweils mit 1 gebratenen Ei belegen und mit einem grünen Salat auf Tellern anrichten.

Überbackener Blumenkohl

Für 4 Personen

1 Blumenkohl
50 g Weizenmehl
25 g Butter zzgl. etwas zum Einfetten
1 TL Senfpulver
450 ml Milch
200 g geriebener Emmentaler
Salz und frisch gemahlener Pfeffer

- Den Blumenkohl in Röschen teilen oder in Stücke schneiden. In einem mittelgroßen Topf in kochendem Salzwasser in 7–8 Minuten knapp gar kochen und abgießen.

- Den Backofen auf 200 °C vorheizen. In der Zwischenzeit in einem Topf Mehl, Butter und Senfpulver mit der Milch langsam unter ständigem Rühren zum Kochen bringen. Weiterköcheln, bis eine sämige Sauce entstanden ist. 100 g Emmentaler einrühren und darin schmelzen lassen, nach Belieben würzen.

- Den Blumenkohl in eine gebutterte Auflaufform legen und mit der Sauce übergießen. Mit dem restlichen Käse bestreuen.

- Im Backofen 10–12 Minuten goldgelb backen. Mit gegrilltem Frühstücksspeck, Grillwurst oder grünem Salat servieren.

Blumenkohlsalat In einer großen Schüssel 150 g Naturjoghurt mit 1 TL mildem Senf, 3 EL Mayonnaise und 2 TL Essig verrühren, dann mit je 1 Prise Salz und frisch gemahlenem Pfeffer würzen. 1 kleinen Blumenkohl klein schneiden und in reichlich Salzwasser kurz blanchieren. 2 Karotten putzen und grob reiben. Blumenkohl und Karotten gut mit dem Dressing mischen und mit gerösteten Pittabroten servieren.

Kartoffel-Blumenkohl-Suppe 1 Zwiebel fein hacken. 2 große Kartoffeln schälen und in mundgerechte Würfel schneiden. 1 kleinen Blumenkohl in Röschen teilen. In einem großen Topf 25 g Butter und 1 EL Pflanzenöl erhitzen. Zwiebeln und Kartoffeln 8–10 Minuten darin dünsten, bis die Zwiebeln weich sind. 1 TL Kreuzkümmelsamen einrühren und den Blumenkohl hinzufügen. 3–4 Minuten unter gelegentlichem Rühren weiterköcheln lassen. 900 ml Gemüsebrühe zugießen und alles aufkochen. Das Gemüse in etwa 15 Minuten weich garen. Mit einem Pürierstab zu einer glatten Suppe verarbeiten oder durch ein Sieb passieren, abschmecken. In Suppenschalen füllen und nach Belieben mit Croûtons bestreut servieren.

2 Burger mit Speck

Für 2 Personen

2 EL Pflanzenöl zzgl. etwas zum
  Braten
4 Scheiben geräucherter durchwachsener Speck
½ rote Zwiebel
50 g Blauschimmelkäse
300 g Rinderhack
1 TL gerebelter Oregano
2 große Burgerbrötchen
Salz und frisch gemahlener Pfeffer

- In einer Pfanne 2 EL Pflanzenöl erhitzen und bei mittlerer Temperatur den Speck in 4–5 Minuten goldgelb braten. Aus der Pfanne nehmen und warm halten.

- Während der Speck brät, die Zwiebeln fein hacken und den Blauschimmelkäse zerkrümeln. In einer Schüssel das Rinderhack mit
  Zwiebeln, Blauschimmelkäse, Oregano und je 1 Prise Salz und
  frisch gemahlenem Pfeffer verkneten. Aus der Mischung 2 Burger
  formen. In der Pfanne in etwas Pflanzenöl bei mittlerer Hitze von
  jeder Seite 3–5 Minuten braten. Die Burger sollten gar, aber noch
  saftig sein.

- Burger und Speck in Burgerbrötchen geben, nach Wunsch weitere
  Zutaten ergänzen (zum Beispiel Tomaten- oder Gurkenscheiben).
  Mit einem Klecks BBQ-Sauce servieren. Zum Burger nach Belieben
  Pommes frites reichen.

**1 Bagel mit Schinken-
speck** Den Backofen
auf mittlerer Stufe vorheizen, möglichst die Grillstufe zuschalten. 6 dick
geschnittene Speckscheiben auf ein
Backblech legen und mit 2 EL BBQ-
Sauce bestreichen. Im Backofen
10 Minuten backen, einmal wenden.
In der Zwischenzeit 2 Sesambagel
aufschneiden und toasten, auf Tellern anrichten. Die untere Hälfte mit
2 EL Krautsalat (FP) bedecken, dann
die Schinkenspeckscheiben darauf
verteilen. Mit einem grünen Salatblatt
garnieren und die obere Brötchenhälfte auflegen.

**3 Gegrillter Schweine-
bauch** Den Backofen
auf mittlerer Stufe vorheizen. In der
Zwischenzeit 6 Scheiben Schweinebauch in eine Auflaufform legen und
mit 4 EL BBQ-Sauce bestreichen,
gut einreiben. Mindestens 15 Minuten marinieren lassen. In einem großen Topf leicht gesalzenes Wasser
aufkochen und 150 g Langkornreis
darin in ca. 15 Minuten oder nach
Packungsangabe gar quellen lassen.
Abgießen. Den Schweinebauch im
Backofen auf oberster Schiene von
jeder Seite 4–5 Minuten knusprig
werden lassen. Den Reis auf Tellern

anrichten und den Schweinebauch
dazulegen, alles mit den Bratensäften beträufeln. Sofort mit Krautsalat
servieren.

Thunfisch-Reis-Salat

Für 4 Personen

300 g Langkornreis
1 Dose Kidneybohnen (400 g)
1 Dose Mais (200 g)
4 Frühlingszwiebeln
2 Dosen Thunfisch (je 185 g)
2 EL Schnittlauchröllchen
Salz und frisch gemahlener Pfeffer

- In einem großen Topf leicht gesalzenes Wasser zum Kochen bringen, den Reis zugeben und in etwa 15 Minuten oder nach Packungsangabe gar quellen lassen. In ein Sieb gießen und mit kaltem Wasser abschrecken. Gut abtropfen lassen.

- In der Zwischenzeit die Kidneybohnen und den Mais abspülen und abtropfen lassen. Die Frühlingszwiebeln fein schneiden, den Thunfisch abtropfen lassen und auseinanderzupfen. In einer großen Schüssel Bohnen und Mais mit den Frühlingszwiebeln mischen. Thunfisch und Schnittlauch untermengen. Zum Schluss den abgekühlten Reis unterheben. Auf Salatblättern angerichtet mit einer Vinaigrette aus Essig, Öl, fein gehackten Kräutern nach Wahl, frisch gemahlenem Pfeffer und Salz beträufelt servieren.

Gegrilltes Thunfisch-Käse-Baguette Den Backofen auf mittlerer Stufe vorheizen. 1 Dose Thunfisch (185 g) abtropfen lassen und zerpflücken, 1 rote Paprika entkernen und hacken, 100 g Mais aus der Dose abtropfen lassen und 2 Frühlingszwiebeln fein schneiden. Alles mit 1 EL Schnittlauchröllchen mischen. Dann 4 EL Tomatensalsa oder Mayonnaise unterrühren, würzen. 2 Baguettes aufschneiden. Die Schnittseiten dick mit der Mischung bestreichen und mit 150 g geriebenem Gouda bestreuen. Auf einem Blech im Ofen 5–6 Minuten überbacken, bis der Käse geschmolzen ist. Mit einem frischen Salat servieren.

Kartoffel-Thunfisch-Gratin Den Backofen auf mittlerer Stufe vorheizen. In einem Topf Salzwasser aufkochen und 1 kg große geschälte und in dünne Scheiben geschnittene Kartoffeln darin in ca. 8 Minuten weich köcheln. In ein Sieb abgießen. 2 Dosen Thunfisch (je 185 g) abtropfen lassen und zerkleinern. Kartoffeln und Thunfisch mit 2 EL Schnittlauchröllchen mischen und in eine gebutterte Auflaufform füllen. 300 ml Milch mit 150 g Sahne, 1 fein gehackten Knoblauchzehe und je 1 guten Prise Salz und frisch gemahlenem Pfeffer in einen Topf geben und aufkochen. Über die Kartoffel-Thunfisch-Mischung gießen. Mit 125 g geriebenem Emmentaler bestreuen und im Backofen in 15–20 Minuten goldgelb garen.

Hähnchen-Ei-Brotaufstrich

Für 2 Personen

3 Eier

2 EL Mayonnaise

½ TL Paprikapulver

125 g gegarte Hähnchenbrust

Salz und frisch gemahlener Pfeffer

- In einem kleinen Topf Wasser aufkochen, die Eier hineinlegen und in 8 Minuten hart kochen. Unter fließend kaltem Wasser abschrecken, dann in einer Schüssel mit kaltem Wasser vollständig abkühlen lassen.

- In der Zwischenzeit Mayonnaise mit Paprika und je 1 Prise Salz und Pfeffer in eine Schüssel geben.

- Die erkalteten Eier pellen und grob hacken, die Hähnchenbrust fein würfeln. Eier und Hähnchen zur Mayonnaise geben und die Zutaten gut verrühren. Auf Vollkorn-Sandwichbrot streichen oder zu Backkartoffeln reichen. Vor dem Servieren mit Kresse bestreuen.

Tandoori-Hähnchen-Wrap 5 EL Mayonnaise oder Naturjoghurt mit 1 EL Tandooripaste, 1 TL Zitronensaft und 1 EL gehackten Korianderblättern verrühren. 250 g gegartes Hähnchenfleisch (oder Fleisch vom Grillhähnchen, ohne Haut) in mundgerechte Würfel schneiden, zur Mayonnaise geben und das Ganze gut vermengen. 2 Weizen-Tortillas (FP) mit der Mayonnaise, 1 Handvoll Kresse und 1 TL Mangochutney (nach Belieben) füllen.

Hähnchen-Zwiebel-Sandwich In einer großen Pfanne 2 EL Pflanzenöl erhitzen. 2 Zwiebeln in Scheiben schneiden und darin in etwa 10–12 Minuten weich dünsten. Ab und zu umrühren. In eine Schüssel füllen und beiseitestellen. Die Temperatur erhöhen und 1 EL Öl in die Pfanne geben. 200 g Hähnchenbrustfilet in dünne Scheiben schneiden und unter Rühren in 7–8 Minuten gar braten. Herausnehmen und 2 Minuten ruhen lassen. Mit den Zwiebeln mischen und Sandwiches oder eine Backkartoffel damit belegen. Dazu Senf- oder Knoblauchmayonnaise und 1 Handvoll Kresse reichen.

10 Bohnen-Petersilie-Pâté

Für 4 Personen

2 Dosen weiße Bohnen (je 400 g)

3 EL Tomatenmark

2 TL Zitronensaft

½ TL gemahlener Kreuzkümmel

4 EL Naturjoghurt

2 EL gehackte Petersilienblätter zzgl.
  etwas zum Garnieren

Salz und frisch gemahlener Pfeffer

- Die Bohnen abspülen und abtropfen lassen. Mit Tomatenmark, Zitronensaft und Kreuzkümmel möglichst in einer Küchenmaschine, sonst mit der Gabel, zu einer groben Paste verarbeiten, dann so viel Joghurt unterarbeiten, bis eine streichfähige Creme entsteht.

- Die Pâté in eine Schüssel füllen, die Petersilie unterrühren und abschmecken. Dazu heißen Toast servieren.

2 Bohnen-Petersilie-Plätzchen

2 Dosen weiße Bohnen (je 400 g) abspülen und abtropfen lassen. Mit 2 EL Tomatenmark, 1 EL Mayonnaise, 1 TL gemahlenem Kreuzkümmel, 2 EL gehackten Petersilienblättern und je 1 Prise Salz und frisch gemahlenem Pfeffer in der Küchenmaschine oder mit einer Gabel zu einer groben Mischung verarbeiten. Ist die Mischung sehr feucht, noch etwas Paniermehl dazugeben. Mit den Händen daraus 16 Plätzchen formen. In einer Pfanne 2 EL Olivenöl erhitzen und die Plätzchen darin etwa 3 Minuten von jeder Seite braten. In der Zwischenzeit 2 TL Zitronensaft, 150 g Naturjoghurt, ½ TL Kreuzkümmel und 2 EL gehackte Petersilienblätter verrühren und würzen. Die Plätzchen mit dem Dip und Pittabroten servieren.

3 Bohneneintopf mit Petersilie

1 rote Zwiebel in Scheiben schneiden und 1 grüne Paprika würfeln. In einem großen Topf 2 EL Pflanzenöl erhitzen. Zwiebeln und Paprika darin bei mittlerer Hitze 7–8 Minuten dünsten. 2 Knoblauchzehen klein schneiden, zugeben und 1–2 Minuten mitdünsten. Je 1 TL Kreuzkümmel- und Korianderpulver einrühren und 1 Minute miterhitzen. 1 Dose Pflaumentomaten (400 g), 1 Dose abgetropfte Cannellinibohnen (400 g), 2 EL Tomatenmark und 300 ml Gemüsebrühe hinzufügen. Aufkochen und 10–12 Minuten köcheln lassen. 1 Glas Dicke Bohnen (300 g) abspülen, abtropfen lassen und zugeben. 4 EL gehackte Petersilienblätter ebenfalls zugeben. Nach Belieben würzen und 4–5 Minuten köcheln lassen. In 4 vorgewärmte tiefe Teller füllen und mit gehackten Petersilienblättern bestreut zu knusprigem Brot servieren.

Räucherlachs-Schnittlauch-Creme

**Für 2 Personen (als Snack) oder
4 Personen (als Vorspeise)**

125 g Räucherlachs
1 TL Zitronensaft
3 EL Mayonnaise
2 TL Schnittlauchröllchen zzgl. einige
   zum Garnieren
Salz und frisch gemahlener Pfeffer

- Den Lachs in grobe Stücke schneiden und in die Schüssel eines Rührgerätes geben. Zitronensaft, Mayonnaise, Schnittlauch und je 1 gute Prise Salz und Pfeffer hinzufügen. Das Ganze so lange zerkleinern, bis der Lachs fein zerteilt, aber nicht zermust ist. Alternativ den Lachs mit einem Messer so fein wie möglich hacken. Dann mit den anderen Zutaten in eine Schüssel geben und gut vermengen.

- Auf dunkles Brot streichen und mit Schnittlauch bestreuen. Nach Belieben Zitronenstücke dazureichen.

Lachsburger 250 g Lachsfilet ohne Haut und Gräten in einer Küchenmaschine oder mit einem scharfen Messer sehr fein hacken. 2 Frühlingszwiebeln fein schneiden und mit 2 EL Mayonnaise, 1 EL Schnittlauchröllchen, Salz und Pfeffer nach Belieben zum Lachs geben. Zu einer homogenen Mischung verarbeiten und daraus 2 Burger formen. Ist die Mischung sehr feucht, etwas Paniermehl hinzufügen. In einer Pfanne 2 EL Pflanzenöl erhitzen und die Burger bei mittlerer Temperatur darin von jeder Seite 4–5 Minuten braten. Auf Ciabattabrötchen mit grünem Salat, Reis oder Zitronenstücken servieren.

Kartoffel-Lachs-Frikadellen 350 g Kartoffeln schälen, klein würfeln und in reichlich Salzwasser garen, sie sollten nicht zerfallen. Abgießen und abkühlen lassen. In der Zwischenzeit 1 Dose Lachs (185 g) abtropfen lassen und zerkleinern. Mit der abgeriebenen Schale von ½ unbehandelten Zitrone, 2 EL Mayonnaise und 1 EL Schnittlauchröllchen in eine Schüssel geben. Mit frisch gemahlenem Pfeffer würzen, dann die Kartoffeln zugeben und alles leicht zerdrücken. Aus der Mischung 4 kleine Frikadellen formen, diese in 2–3 EL Semmelbröseln wälzen und ca. 10 Minuten kalt stellen. In einer Pfanne 2 EL Pflanzenöl erhitzen und die Frikadellen darin bei mittlerer Hitze in 5 Minuten goldgelb und knusprig braten, einmal wenden. Mit grünem Salat und Zitronenstücken servieren.

Karotten-Feta-Bratlinge

Für 2 Personen

150 g Karotten
350 g Kartoffeln
1 kleines Ei
2 Frühlingszwiebeln
75 g Feta
1 TL gemahlener Kreuzkümmel
1 EL gehackte Petersilienblätter
3–4 EL Pflanzenöl
Mehl zum Bestäuben
Salz und frisch gemahlener Pfeffer

- In einem Topf leicht gesalzenes Wasser aufkochen. Die Karotten putzen und würfeln, die Kartoffeln schälen und würfeln. In ca. 12 Minuten gar köcheln. Abgießen und grob zermusen, es sollte jedoch kein Brei entstehen. Beiseitestellen und offen mindestens 10 Minuten abkühlen lassen.

- Das Ei verquirlen, die Frühlingszwiebeln hacken. Mit Feta, Kreuzkümmel, Petersilie und je 1 Prise Salz und frisch gemahlenem Pfeffer zu Karotten und Kartoffeln geben und die Zutaten gut vermischen. Mit leicht bemehlten Händen 4 Bratlinge daraus formen.

- In einer Pfanne 3–4 EL Pflanzenöl erhitzen und die Bratlinge von jeder Seite 3 Minuten braten, dabei ein wenig flach drücken. Auf Küchenpapier abtropfen lassen. Nach Belieben jeweils mit 1 pochierten oder gebratenen Ei servieren.

Karottensticks mit Feta-Petersilien-Dip

100 g Feta zerkrümeln und mit 1 EL gehackten Petersilienblättern, 3 EL Crème fraîche, 1 TL Zitronensaft und 1 guten Prise frisch gemahlenem Pfeffer verrühren. Das Ganze in eine Servierschüssel füllen und mit geputzten, zu Sticks geschnittenen Karotten zum Dippen servieren. Nach Belieben getoastetes Pittabrot dazureichen.

Kartoffel-Karotten-Feta-Auflauf

Den Backofen auf 220 °C vorheizen. 200 g gegarte Kartoffeln (Reste vom Vortag) und 200 g gegarte Karotten (Reste vom Vortag) in eine Schüssel geben. Alternativ 200 g abgetropfte Karotten aus dem Glas verwenden. Das Gemüse grob zermusen, dann 1 Ei, 1 TL gemahlenen Kreuzkümmel, 100 g zerkrümelten Feta, 1 EL gehackte Petersilienblätter und 2 fein geschnittene Frühlingszwiebeln untermischen. Das Ganze in eine Auflaufform füllen und glatt streichen. Im Backofen in 12–15 Minuten goldgelb backen. Noch heiß mit 1 pochierten oder gebratenen Ei servieren.

10 Thai-Hähnchen-Sandwich

Für 2 Personen

200 g kleine Hähnchenbrustfilets
1 EL rote oder grüne Thai-Currypaste
3 EL Naturjoghurt
1 Vollkornbaguette
1 Handvoll Eisbergsalatblätter
¼ Salatgurke
Salz und frisch gemahlener Pfeffer

- Den Backofen auf mittlerer Stufe vorheizen. Die Hähnchenbrustfilets in einer Schüssel mit Currypaste und 2 EL Naturjoghurt gut vermischen, abschmecken. Dann auf ein Blech legen und im Ofen etwa 10–15 Minuten backen, einmal wenden. Das Fleisch kann ruhig viel Farbe annehmen.

- In der Zwischenzeit das Brot quer und längs in große Stücke schneiden. 1 EL Joghurt auf die unteren Brothälften streichen. Salatblätter zerzupfen, Salatgurke in Scheiben schneiden und das Brot damit belegen. Das Hähnchen darauflegen, die oberen Brothälften aufsetzen und zusammendrücken.

---

2 **Nudelsuppe mit Thai-Curry** In einem Topf (oder Wok) 1 EL Pflanzenöl erhitzen. 3 Frühlingszwiebeln und 2 Knoblauchzehen hacken. Im Öl unter Rühren 2–3 Minuten braten. 1 EL grüne oder rote Thai-Currypaste 2 Minuten einrühren, 200 ml Kokosmilch und 350 ml Hühnerbrühe zugeben. Alles aufkochen und 7–8 Minuten köcheln. 125 g grüne Bohnen und 200 g mittelgroße Nudeln zugeben und garen, bis die Nudeln al dente sind. In Suppenschalen und nach Belieben mit Korianderblättern garniert servieren.

3 **Curryhähnchen mit Reis** In einer Pfanne 2 EL Pflanzenöl erhitzen. 1 Zwiebel grob hacken und im Öl unter Rühren in 4–5 Minuten leicht bräunen. 250 g Hähnchenbrustfilet in mundgerechte Stücke schneiden, zugeben und unter häufigem Rühren in etwa 10 Minuten garen. 1–2 EL (je nach Schärfewunsch) grüne Thai-Currypaste einrühren und 1 Minute rühren, damit nichts anbrennt. 200 ml Kokosmilch und 125 ml Hühnerbrühe zugießen und 10 Minuten köcheln. Auf gegartem Reis anrichten und nach Belieben mit Korianderblättern bestreuen.

3 Wurstbrötchen

Für 4 Personen

450 g Blätterteig (FP)
3 EL Frischkäse
½ kleine rote Zwiebel
125 g geriebener Emmentaler
8 kleine Würste (z. B. Nürnberger,
Wiener, Mini-Cabanossi)
1 kleines Ei
Salz und frisch gemahlener Pfeffer

- Den Backofen auf 220 °C vorheizen. Den Blätterteig auf einer Arbeitsfläche zu einem Rechteck von 40 x 25 cm ausrollen. Dünn mit Frischkäse bestreichen. Die Zwiebeln hacken und darüberstreuen. 75 g Emmentaler ebenfalls darüberstreuen, würzen.

- Den Teig der Länge nach in 2 Streifen schneiden und 4 Würste mittig auf jeden Streifen legen. Den Teig so aufrollen, dass zwei lange Rollen entstehen, dann jede Rolle vierteln. Die Rollen auf ein mit Alufolie belegtes Backblech setzen. Das Ei verquirlen und die Wurstbrötchen damit gleichmäßig bestreichen. Mit dem restlichen Käse bestreuen.

- Im Backofen in 18–22 Minuten goldbraun backen. Warm oder kalt servieren.

---

1 Überbackener Wursttoast Den Backofen auf mittlerer Stufe vorheizen. 1 Baguette halbieren und in 4 Stücke teilen. Mit der Schnittseite nach oben auf ein Backblech legen und im Backofen auf der obersten Schiene 2–3 Minuten leicht rösten. In der Zwischenzeit in einer großen Schüssel 1 Ei verquirlen und mit 150 g geriebenem Gouda, 2 TL Worcestersauce, 1 TL grobkörnigem Senf und 2 EL Milch oder Bier verrühren, würzen. 8 Wiener Würstchen in dicke Scheiben schneiden und die Brote damit belegen. Die Käsemischung darauf verstreichen und im Ofen 2–3 Minuten backen, bis der Käse geschmolzen ist. Heiß servieren.

2 Wurst-Käse-Taschen Den Backofen auf 220 °C vorheizen. Aus 450 g Blätterteig (FP) möglichst gleichmäßige Rechtecke schneiden und diese auf ein Backblech legen. Jeweils mit 1 TL mildem Senf bestreichen und mit 50 g geriebenem Emmentaler bestreuen. Jeweils 2 Wiener Würstchen darauflegen. Den Teig überschlagen und mit verquirltem Ei bestreichen. Im Ofen in 15 Minuten goldbraun backen. Heiß oder kalt servieren.

QuickStudent

Brainfood

Rezepte nach Zubereitungszeit

3⊙

2

10

Lachs mit Kräuterbutter

Für 4 Personen

2 Frühlingszwiebeln

75 g Butter

1 EL Kapern

3 EL gemischte gehackte Kräuter
(z. B. Petersilie, Schnittlauch, Ker-
bel, Estragon)

1 TL abgeriebene Schale von 1 unbehandelten Zitrone

1 EL Zitronensaft

4 Lachsfilets (je 150 g) ohne Gräten,
mit Haut

2 TL Olivenöl

Salz und frisch gemahlener Pfeffer

- Die Frühlingszwiebeln fein schneiden. In einem Topf die Butter zerlassen und die Frühlingszwiebeln darin bei mittlerer Hitze 2–3 Minuten weich dünsten. Die Kapern abspülen und abtropfen lassen. Kapern, gehackte Kräuter, Zitronenschale und -saft einrühren, dann
den Topf vom Herd ziehen.

- In der Zwischenzeit die Lachsfilets mit 2 TL Olivenöl bestreichen.
In einer Pfanne bei mittlerer Hitze mit der Hautseite nach unten
3–4 Minuten braten, bis die Haut knusprig ist. Vorsichtig wenden
und weitere 3–4 Minuten braten. Nach Belieben würzen. Das Lachsfilet sollte in der Mitte noch rosafarben sein. Mit Alufolie abdecken
und 2–3 Minuten warm stellen.

- Die Lachsfilets auf vorgewärmten Tellern anrichten und mit der
Kräuterbutter beträufeln. Nach Belieben mit Couscous und Zitronenstücken servieren.

Pestonudeln mit Lachs 400 g Spaghetti oder Penne in reichlich Salzwasser al dente garen. Abgießen und wieder in den Topf geben. 4 EL Pesto aus dem Glas, 120 g in mundgerechte Stücke geschnittenes gegartes Lachsfilet, 1 EL Zitronensaft und 3 EL Crème fraîche unter die Nudeln rühren. Mit Pfeffer würzen und zum Servieren in tiefe Teller füllen.

Kräuterlachs aus dem Ofen Den Back-
ofen auf 180 °C vorheizen. In einer Schüssel 75 g weiche Butter mit 3 EL gemischten gehackten Kräu-
tern, 1 TL abgeriebene Schale von 1 unbehandelten Zitrone und je 1 Prise Salz und frisch gemahlenem Pfeffer verrühren. 4 Lachsfilets ohne Gräten mit der Kräuterbutter bestrei-
chen. Die Filets nebeneinander in eine Auflaufform legen und diese mit Alufolie rundherum versiegeln. Im Ofen 18–20 Minuten backen. Der Fisch sollte gar, innen aber noch leicht rosafarben sein. Aus dem Ofen nehmen, 2–3 Minuten ruhen lassen, dann mit 1 EL abgetropften Kapern und 2 klein geschnittenen Frühlingszwiebeln bestreuen und zu Couscous oder neuen Kartoffeln servieren. Nach Belieben Zitronenstücke und Rucola dazureichen.

Rindfleisch und Brokkoli aus dem Wok

Für 2 Personen

150 g Rumpsteak
2 EL Pflanzen- oder Sesamöl
zzgl. etwas für das Gemüse
1 Zwiebel
1 rote Paprika
150 g kleine Brokkoliröschen
1 Handvoll Bohnensprossen
175 g asiatische Eiernudeln
120 g Schwarze-Bohnen-Sauce
(aus dem Asiahandel)
Salz und frisch gemahlener Pfeffer

- Das Rumpsteak in dünne Streifen schneiden. In einem Wok oder einer Pfanne 1 EL Pflanzen- oder Sesamöl erhitzen. Bei mittlerer Temperatur die Steakstreifen darin unter Rühren 2 Minuten braten, mit einem Schaumlöffel herausnehmen und beiseitelegen.

- Die Zwiebeln hacken, die Paprika entkernen und in Streifen schneiden. Etwas mehr Öl in den Wok geben und Zwiebeln und Paprika darin in 2–3 Minuten weich braten. Den Brokkoli hinzufügen und alles weitere 2 Minuten braten, dann die Bohnensprossen zugeben und nochmals 1–2 Minuten garen.

- In der Zwischenzeit die Nudeln in reichlich Salzwasser knapp gar kochen und abgießen. Das Fleisch in den Wok geben, die Schwarze-Bohnen-Sauce und die abgetropften Nudeln zugeben und alles gut mischen, abschmecken. In vorgewärmten Schalen servieren.

Rumpsteak–Brokkoli-Pfanne mit Nudeln

In einer Pfanne 2 EL Pflanzenöl erhitzen und 150 g in dünne Scheiben geschnittenes Rumpsteak darin braten, herausnehmen und beiseitestellen. 200 g Brokkoliröschen und 2 klein geschnittene Frühlingszwiebeln in die Pfanne geben und unter Rühren in 2–3 Minuten garen. 250 g frisch gekochte Nudeln hinzufügen und etwa 2–3 Minuten erhitzen. Das Fleisch wieder zugeben und mit 150 ml Sojasauce erhitzen, abschmecken. In Schalen angerichtet servieren.

Mariniertes Rumpsteak mit Brokkoli und Naturreis

1 Rumpsteak (ca. 200 g) in eine Schale legen und 2 EL süße Teriyakisauce, 2 TL geriebenen Ingwer und 1 zerdrückte Knoblauchzehe zugeben. Das Steak mit der Marinade einreiben und mindestens 10 Minuten in den Kühlschrank stellen. In einer Pfanne 1 EL Pflanzenöl erhitzen und das Steak bei mittlerer Hitze 3–4 Minuten von jeder Seite braten. Es sollte außen braun, innen rosafarben sein. Aus der Pfanne nehmen und warm stellen. Die Pfanne säubern und bei mittlerer Temperatur 1 EL Öl darin erhitzen. 150 g Brokkoliröschen unter Rühren 3–4 Minuten darin braten, abschmecken, dann herausnehmen. Das Steak in dicke Scheiben schneiden, mit dem Brokkoli mischen und alles in Schalen anrichten. In einem kleinen Topf 4 EL süße Teriyakisauce erhitzen und darüberträufeln. Mit Naturreis servieren.

Hähnchen-Orangen-Salat

Für 2 Personen

1 Orange
4 gegarte Hähnchenschenkel
1 Avocado
75 g Brunnenkresse
2 TL Walnussöl
Salz und frisch gemahlener Pfeffer
gehackte Walnusskerne zum
  Bestreuen

- Die Orange schälen und filetieren. Das Hähnchenfleisch klein schneiden. Die Haut entfernen und wegwerfen. Die Avocado schälen, entsteinen und das Fleisch in Scheiben schneiden.

- Die Brunnenkresse auf 2 Teller verteilen, Orangenfilets, Hähnchen und Avocado darauf anrichten. Nach Belieben würzen, mit Walnussöl beträufeln und mit Walnüssen bestreut servieren.

Hähnchencouscous

2 Hähnchenbrüste zwischen 2 Lagen Frischhaltefolie legen und mit einem Nudelholz flach rollen. Mit 2 TL abgeriebener Schale von 1 unbehandelten Zitrone, 2 EL Olivenöl, 1 TL gehackten Thymianblättchen, 1 zerdrückten Knoblauchzehe und frisch gemahlenem Pfeffer in eine Schale legen. Das Hähnchen gut mit der Marinade einreiben. In einer großen Pfanne bei mittlerer Temperatur 3–4 Minuten von jeder Seite braten, dann die Marinade zugeben. Den Deckel aufsetzen und das Fleisch 2–3 Minuten ruhen lassen. In der Zwischenzeit in einer großen Schüssel 125 g Couscous, 25 g Butter und 1 EL Zitronensaft mischen und mit 125 ml kochender Hühnerbrühe übergießen. Abgedeckt so lange quellen lassen, bis die Brühe vollständig aufgenommen und der Couscous weich ist. Couscous mit einer Gabel auflockern und auf vorgewärmte Teller füllen. Hähnchen und Bratensäfte dazugeben.

Orangenhähnchen aus dem Ofen

Den Backofen auf 200 °C vorheizen. 4 Scheiben durchwachsenen Speck ohne Schwarte um 2 Hähnchenbrüste wickeln. Diese in einer Pfanne in 1 EL Olivenöl bei mittlerer Hitze von jeder Seite 2 Minuten braten. In der Zwischenzeit in einem Topf 200 ml Orangensaft mit ½ TL gerebeltem Thymian und 2 TL grobkörnigem Senf erwärmen. Hähnchen in eine Auflaufform legen, die Orangensauce darübergießen und das Ganze im Ofen 20 Minuten backen, bis das Fleisch gar ist. Das Fleisch in dicke Scheiben schneiden und auf vorgewärmten Tellern anrichten. Die Orangensauce daraufgeben und mit einem Brunnenkresse- oder Avocadosalat servieren.

Gemüse-Nudel-Topf

Für 4 Personen

4 EL Olivenöl
2 Knoblauchzehen
400 g Farfalle
200 g grüne Bohnen
400 g Brokkoliröschen
12 Kirschtomaten
2–3 EL Zitronensaft
Salz und frisch gemahlener Pfeffer

- In einem kleinen Topf 4 EL Olivenöl erhitzen. Den Knoblauch in Scheiben schneiden und darin in 1–2 Minuten weich dünsten. Den Topf vom Herd ziehen und das Öl die Aromastoffe aufnehmen lassen.

- In einem großen Topf die Nudeln in reichlich Salzwasser al dente garen. Die grünen Bohnen halbieren. 3–4 Minuten vor Garende der Nudeln Brokkoli und grüne Bohnen dazugeben. Sind Gemüse und Nudeln gar, das Wasser abgießen und dabei 2 EL Garflüssigkeit auffangen.

- Die Kirschtomaten halbieren und unter die Nudeln heben, das Knoblauchöl zugeben und unter die Zutaten mischen. Garwasser und Zitronensaft unterziehen. Mit Salz und reichlich Pfeffer würzen, dann in tiefe Teller füllen und servieren.

Gemüse-Nudel-Suppe 2 Knoblauchzehen in Scheiben schneiden. In einem Topf 2 EL Öl erhitzen und den Knoblauch darin 1 Minute dünsten. 900 ml heiße Gemüsebrühe, 150 g Vermicelli oder andere kleine Nudeln zugeben und alles kurz köcheln lassen, bis die Nudeln al dente sind. 2 Zucchini grob reiben und mit 300 g Brokkoliröschen hinzufügen, alles aufkochen und nochmals 3–5 Minuten köcheln lassen. Sofort zu knusprigem Brot servieren.

Gemüse und Pasta aus dem Ofen In einem großen Topf 300 g Penne in reichlich Salzwasser al dente garen. Währenddessen 1 Zwiebel und 1 rote Paprika hacken. Die Nudeln abgießen und wieder in den Topf geben. Den Backofen auf 220 °C vorheizen. In einer großen Pfanne 2 EL Olivenöl erhitzen und darin die Zwiebeln und die Paprika etwa 6 Minuten weich dünsten. 1 Zucchini grob reiben, 125 g Pilze putzen und in Scheiben schneiden und mit 150 g kleinen Brokkoliröschen in die Pfanne geben. Weitere 2–3 Minuten dünsten. 1 Glas Tomatensauce (400 g) einrühren und noch einmal 2–3 Minuten köcheln, bis das Gemüse gar ist. Die Sauce zu den Nudeln geben und 150 g Crème fraîche unterrühren. Mit Salz und frisch gemahlenem Pfeffer würzen. In eine Auflaufform füllen, mit 100 g geriebenem Emmentaler bestreuen und im Ofen 12–15 Minuten überbacken.

Rindfleisch-Kartoffel-Curry mit Spinat

Für 4 Personen

450 g Rindfleisch
1 rote Paprika
1 Zwiebel
250 g Süßkartoffeln
3 EL Pflanzenöl
3 Tomaten
200 g Spinat
500 g Fertigsauce für Currygerichte
Salz und frisch gemahlener Pfeffer

- Das Rindfleisch in feine Streifen schneiden, die Paprika entkernen und in grobe Stücke teilen, die Zwiebeln in dicke Scheiben schneiden. Die Süßkartoffeln schälen und in mundgerechte Würfel schneiden. In einer Pfanne 2 EL vom Pflanzenöl bei mittlerer Temperatur erhitzen und das Fleisch darin unter Rühren 3–4 Minuten braten, mit einem Schaumlöffel herausnehmen. Die Pfanne wieder auf den Herd stellen.

- 1 EL Pflanzenöl zugeben und Paprika, Zwiebeln und Süßkartoffeln unter gelegentlichem Rühren darin in 5–6 Minuten weich dünsten.

- Die Tomaten vierteln und den Spinat waschen und grob hacken. Tomaten und Fertigsauce für Currygerichte in die Pfanne geben, die Temperatur reduzieren und das Ganze zugedeckt etwa 15 Minuten köcheln lassen, bis das Gemüse weich und die Sauce sämig ist, abschmecken.

- Das Fleisch unterheben, dann den Spinat zugeben und alles 1–2 Minuten erhitzen, bis der Spinat etwas zusammengefallen ist. Sofort servieren.

Rindfleisch-Spinat-Curry 450 g Rindfleisch in Streifen schneiden. In einer Pfanne 2 EL Öl erhitzen und das Fleisch darin von allen Seiten in etwa 2 Minuten scharf anbraten. 1 Zwiebel dünn schneiden, hinzufügen und 2 Minuten mitbraten. Temperatur reduzieren und 2 EL Fertigsauce für Currygerichte in 1 Minute einrühren. 400 ml Kokosmilch und 200 ml heiße Rinderbrühe zugießen und alles 2 Minuten köcheln. 200 g Spinat waschen und grob hacken, unterrühren und etwas zusammenfallen lassen. Mit Naan-Brot oder Reis servieren.

Curryburger mit Spinat 1 kleine Zwiebel fein hacken. Mit 2 EL gehackten Korianderblättchen, 1 EL Fertigsauce für Currygerichte, 1 Ei, 1 EL Paniermehl und 400 g Rinderhack gut vermischen. Mit den Händen 4 Burger daraus formen. In einer Pfanne 2 EL Pflanzenöl erhitzen und die Burger bei mittlerer Temperatur darin von jeder Seite 4–5 Minuten braten. In der Zwischenzeit 1 TL Zitronensaft, ½ TL gemahlenen Kreuzkümmel und je 1 Prise Salz und frisch gemahlenen Pfeffer mit 4 EL Naturjoghurt verrühren. Die Burger auf Brötchenhälften platzieren und mit jeweils

1 Handvoll Spinatblätter belegen. Mit Salatgurkenscheiben und einem Klecks Joghurt servieren.

Couscous mit Paprika und Makrele

Für 4 Personen

250 g Couscous
300 ml heiße Gemüsebrühe
1 grüne Paprika
2 Frühlingszwiebeln
1 Bund Petersilie
2 geräucherte Makrelenfilets
 ohne Haut

Für das Dressing

1 EL Tomatenmark
4 EL Olivenöl
1 ½ EL Zitronensaft
Salz und frisch gemahlener Pfeffer

- Den Couscous in eine Schüssel füllen und mit kochender Brühe übergießen. Zugedeckt 5–6 Minuten quellen lassen.
- In einer weiteren Schüssel die Dressingzutaten verrühren.
- Die Paprika würfeln, die Frühlingszwiebeln fein schneiden und die Petersilie waschen, trocken schütteln und hacken. Die Makrelenfilets in kleine Stücke zerteilen. Mit einer Gabel Paprika, Zwiebeln und Petersilie unter den Couscous rühren. 2 EL Dressing unterziehen.
- Den Couscous auf Tellern anrichten und mit der Makrele belegen. Mit dem restlichen Dressing zum Beträufeln servieren.

2 Gegrillte Makrele mit Paprika Den Backofen auf höchster Stufe vorheizen. In einer Schüssel 4 EL Pflanzenöl, 2 TL abgeriebene Schale von 1 unbehandelten Zitrone, 3 zerdrückte Knoblauchzehen und 1 EL fein geriebenen Ingwer zu einer Marinade verrühren, abschmecken. 2 rote Paprika entkernen und würfeln, in eine weitere Schüssel füllen und 8 kleine Makrelenfilets ohne Haut und Gräten dazugeben. Die Marinade darübergießen und alles 5–10 Minuten marinieren. Makrelenfilets und Paprika auf ein Blech legen und im Ofen 4–5 Minuten backen, einmal wenden. Mit Grillsäften beträufelt servieren, dazu Couscous reichen.

3 Linsencurry mit Makrele, Paprika und Spinat 400 g entgrätete Makrelenfilets in große Stücke schneiden. In einer Schüssel mit 3 EL Currypaste vermischen und beiseitestellen. 1 grüne Paprika entkernen und fein hacken. In einer großen Pfanne 2 EL Pflanzenöl erhitzen und die Paprika darin bei mittlerer Hitze 6–7 Minuten dünsten. 2 Knoblauchzehen hacken und mit 1 EL gehacktem Ingwer für weitere 2 Minuten einrühren. Die Makrele hinzufügen und alles unter Rühren 2 Minuten braten. 200 ml Kokosmilch, 300 ml Gemüsebrühe und 1 Dose Linsen (400 g, abgespült, abgetropft) hinzufügen. Aufkochen und etwa 12 Minuten köcheln, bis der Fisch gar ist und das Curry eine sämige Konsistenz hat, abschmecken. 200 g Blattspinat (TK) zugeben und in 1–2 Minuten garen. Das Linsencurry auf Couscous oder Reis anrichten und dazu warmes Naanbrot servieren.

Harissa-Lammsteaks

Für 2 Personen

2 Lammsteaks (je 150 g)
1 TL abgeriebene Schale von
   1 unbehandelten Zitrone
1 EL Olivenöl
2–4 TL Harissa
4 EL Hummus
2 Vollkorn-Pittabrote
Salz und frisch gemahlener Pfeffer

Den Backofengrill auf mittlerer Stufe vorheizen. Die Lammsteaks in eine Schale legen. In einer kleinen Schüssel Zitronenschale, 1 EL Olivenöl und 1–2 TL Harissa sowie etwas Salz und Pfeffer verrühren und die Steaks mit dieser Marinade einreiben.

Die Steaks auf ein Backblech legen und 5–7 Minuten grillen, einmal wenden. Alternativ die Steaks in einer Pfanne braten. Im Inneren sollte das Fleisch noch leicht rosafarben sein. Herausnehmen und 1–2 Minuten ruhen lassen.

In der Zwischenzeit in einer weiteren kleinen Schüssel 1–2 TL Harissa unter den Hummus rühren. Die Pittabrote toasten, dann auf vorgewärmte Teller legen und Harissa-Hummus daraufgeben. Das Lamm darauflegen und alles mit den Garsäften beträufeln. Nach Belieben mit Zitronenstücken und Rucola servieren.

Harissa-Lammspieße

Den Backofengrill auf mittlerer Stufe vorheizen. In einer Schüssel 1 EL Harissa mit 2 EL Naturjoghurt, 1 TL abgeriebener Schale von 1 unbehandelten Zitrone, 1 EL gehackten Minzeblättern und ½ TL Kreuzkümmelsamen verrühren. 250 g gewürfeltes Lammfleisch gut mit der Marinade mischen, nach Belieben mit Salz und frisch gemahlenem Pfeffer würzen. Mindestens 5 Minuten ruhen lassen. Die Lammwürfel auf Spieße stecken und auf ein Backblech legen. Unter dem Grill 6–8 Minuten grillen. Alternativ die Spieße in einer Pfanne in 1 EL Olivenöl unter häufigem Wenden braten. 1–2 Minuten ruhen lassen, dann mit Couscous und Hummus servieren.

Harissa-Lamm-Koftas mit Sesam

In einer Schüssel 250 g Lammhack vom Metzger mit ½ TL gemahlenem Kreuzkümmel, 1 TL abgeriebener Schale von 1 unbehandelten Zitrone und 2 TL Harissa sowie Salz und frisch gemahlenem Pfeffer mit den Händen gut vermischen. 8–10 kleine flache Bällchen (Koftas) daraus formen und diese 10 Minuten kalt stellen. In der Zwischenzeit in einem Topf in Salzwasser 150 g Langkornreis garen. In einer Pfanne 2 EL Öl erhitzen und die Koftas darin in etwa 8 Minuten goldbraun braten. Den Reis abgießen und auf 2 Tellern anrichten. Koftas darauflegen und mit 1 EL gehackten Petersilienblättern und 2 TL Sesamsamen bestreuen. In einer Schüssel 1 EL Harissa mit 2 EL Naturjoghurt, 1 TL abgeriebener Schale von 1 unbehandelten Zitrone, 1 EL gehackten Minzeblättern und ½ TL Kreuzkümmelsamen verrühren und zu den Koftas servieren.

Eintopf mit Paprika, Kidneybohnen und Spinat

Für 4 Personen

2 große rote Paprika

3 Knoblauchzehen

3 EL Pflanzenöl

2 TL gemahlener Kreuzkümmel

600 g Kidneybohnen aus der Dose

2 EL Tomatenmark

400 ml Gemüsebrühe

1 Dose gehackte Tomaten (400 g)

200 g Spinat

Salz und frisch gemahlener Pfeffer

- Die Paprika entkernen und in große Stücke, den Knoblauch in feine Scheiben schneiden. In einem Topf 3 EL Pflanzenöl erhitzen. Paprika und Knoblauch darin bei mittlerer Hitze 5–6 Minuten unter häufigem Rühren weich dünsten.

- Den Kreuzkümmel 1 Minute einrühren. Die Kidneybohnen abspülen und abtropfen lassen. Dann Tomatenmark, Brühe, gehackte Tomaten und Kidneybohnen in den Topf geben. Aufkochen, nach Belieben würzen und zugedeckt 10–12 Minuten köcheln lassen, bis das Ganze leicht eingedickt ist.

- Die Spinatblätter waschen, trocken schütteln und 2–3 Minuten vor Garende einrühren, dann den Eintopf in Suppentassen servieren.

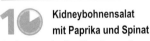

Kidneybohnensalat mit Paprika und Spinat

Je 1 rote und grüne Paprika sowie ½ Salatgurke putzen und würfeln. 1 Bund glatte Petersilie waschen, trocken schütteln und die Blätter hacken. 1 Dose Kidneybohnen (400 g) abspülen und gut abtropfen lassen. Alle Zutaten in eine Salatschüssel füllen. Je 3 EL Olivenöl und Zitronensaft darüberträufeln, würzen und 150 junge Spinatblätter unterheben.

Paprika-Kidneybohnen-Suppe

1 rote Paprika entkernen und in große Stücke schneiden, 3 Knoblauchzehen in feine Scheiben schneiden. In einem großen Topf 3 EL Pflanzenöl erhitzen. Paprika und Knoblauch bei mittlerer Hitze 5–6 Minuten darin unter Rühren weich dünsten. 2 TL gemahlenen Kreuzkümmel 1 Minute einrühren. 2 Dosen Kidneybohnen (je 400 g) abspülen und abtropfen lassen. 750 ml Gemüsebrühe, 1 Dose passierte Tomaten (400 g) und 600 g von den Bohnen in den Topf geben. Mit je 1 Prise Salz und frisch gemahlenem Pfeffer würzen, zugedeckt aufkochen und 15 Minuten köcheln lassen, bis die Suppe leicht eingedickt ist. Mit einem Pürierstab zu einer sämigen Suppe verarbeiten (wer keinen Pürierstab hat, serviert die Suppe so), dann die restlichen Bohnen unterrühren. 150 g Blattspinat waschen, grob hacken und ebenfalls unterrühren. Kurz erhitzen und die Suppe in tiefe Teller füllen.

30 Lachsküchlein

Für 2 Personen

250 g Lachsfilet ohne Haut und
Gräten

1 Knoblauchzehe

2 Frühlingszwiebeln

1 EL süße Chilisauce

2 EL fein gehackte Korianderblättchen

1 TL abgeriebene Schale von 1 unbehandelten Limette

2 EL Pflanzenöl

Salz und frisch gemahlener Pfeffer

- Den Lachs grob würfeln, die Knoblauchzehe zerdrücken und die Frühlingszwiebeln fein hacken. Lachs mit Knoblauch, Frühlingszwiebeln, 1 EL süße Chilisauce, Koriander und Limettenschale mit dem Mixer oder in einer Küchenmaschine zu einer noch leicht stückigen Mischung verarbeiten, abschmecken. Alternativ den Lachs so fein wie möglich hacken und in einer Schüssel mit den restlichen Zutaten vermischen.

- Mit feuchten Händen 2 Küchlein aus der Mischung formen. Auf einen Teller legen, mit Frischhaltefolie abdecken und 10–12 Minuten in den Kühlschrank stellen.

- In einer beschichteten Pfanne 2 EL Pflanzenöl erhitzen und die Küchlein darin bei mittlerer Temperatur von jeder Seite in 5–6 Minuten knusprig braten. Sofort mit gedämpftem Reis oder mit gebratenem Eierreis servieren.

 Baguette mit Räucherlachs und süßer Chilisauce In einer Schüssel 1 EL süße Chilisauce mit 2 EL Frischkäse und 1 EL gehackten Korianderblättchen verrühren. 2 aufgeschnittene kleine Baguettes damit bestreichen. 1 Avocado schälen, entkernen, das Fruchtfleisch würfeln und auf die Baguettes verteilen. Auf jedes Baguette 50 g Räucherlachs legen, mit etwas Zitronensaft beträufeln und mit frisch gemahlenem Pfeffer bestreuen. Mit zusätzlicher süßer Chilisauce servieren.

 Lachs-Tortilla mit süßer Chilisauce 1 Lachsfilet (ca. 200 g) mit etwas Olivenöl bestreichen und mit Salz und frisch gemahlenem Pfeffer würzen. In einer beschichteten Pfanne 1 EL Olivenöl erhitzen und das Filet von jeder Seite ca. 4 Minuten braten. Auf die Pfanne einen Deckel setzen und das Filet 2–3 Minuten ruhen lassen. 2 große weiche Weizen-Tortillas (FP) auf eine saubere Arbeitsfläche legen. 2 Frühlingszwiebeln fein schneiden, 1 reife Avocado schälen, entkernen und das Fruchtfleisch würfeln. 1 Tortilla mit Frühlingszwiebeln und Avocado belegen. Den Lachs zerkleinern und darauf verteilen. Die Tortilla mit 4 TL süßer Chilisauce beträufeln, 3 TL Schmand daraufsetzen. Kräftig würzen und dann die zweite Tortilla auflegen. In einer trockenen Pfanne die Tortilla etwa 4 Minuten rösten, nach 2 Minuten mit einem Pfannenwender vorsichtig umdrehen. In Stücke schneiden und heiß servieren.

Kichererbsen-Gemüse-Suppe

Für 4 Personen

1 Zwiebel
1 grüne Paprika
1 Aubergine
2 EL Olivenöl
2 TL gehackter Ingwer
6 Tomaten
1 Dose Kichererbsen (400 g)
1 TL Chiliflocken
900 ml Gemüsebrühe
Salz und frisch gemahlener Pfeffer

- Die Zwiebeln und die Paprika hacken, die Aubergine würfeln. In einem großen Topf 2 EL Olivenöl erhitzen und Gemüse und Ingwer darin in 7–8 Minuten nahezu weich dünsten.

- Die Tomaten grob würfeln, die Kichererbsen abspülen und abtropfen lassen. Tomaten und Kichererbsen mit Chiliflocken und Brühe in den Topf geben und alles zum Kochen bringen. Das Gemüse bei reduzierter Hitze in 10 Minuten weich köcheln lassen.

- Die Suppe mit einem Pürierstab glatt rühren. Alternativ die Suppe stückig servieren. Nach Geschmack würzen und in Becher füllen.

Kichererbsen-Hummus mit Gemüse In einer kleinen Pfanne 2 EL Olivenöl erhitzen. 2 Knoblauchzehen hacken und mit 1 TL Chiliflocken im Öl bei schwacher Hitze in 2–3 Minuten weich dünsten. In eine Küchenmaschine geben. 1 Dose Kichererbsen (400 g) abspülen und abtropfen lassen. Mit 1 TL gemahlenem Kreuzkümmel, 1 EL Zitronensaft und 2 EL Naturjoghurt ebenfalls in die Küchenmaschine füllen. Das Ganze zu einer glatten Creme verarbeiten, alternativ einen Pürierstab oder Kartoffelstampfer verwenden. Nach Belieben würzen und mit geschnittenem rohem Gemüse (Karotte, Gurke, Brokkoli- und Blumenkohlröschen, Kirschtomaten, Champignons, Radieschen, gemischte Paprika) zum Dippen servieren.

Auberginen-Kichererbsen-Topf 2 Auberginen in mundgerechte Stücke zerteilen, 1 Zwiebel und 1 entkernte grüne Paprika hacken und alles mit 1 EL Harissa in einer Schüssel verrühren. In einem großen Topf 3 EL Olivenöl erhitzen und das Gemüse darin bei mittlerer Temperatur etwa 6–7 Minuten unter häufigem Rühren weich dünsten. 1 Dose Kichererbsen (400 g) abspülen und abtropfen lassen. Mit 2 Dosen gehackten Tomaten (je 400 g) zum Gemüse hinzufügen. Nach Geschmack würzen und zugedeckt etwa 15 Minuten köcheln lassen, bis das Gemüse weich ist. Mit Couscous servieren.

 # Grüne-Bohnen-Brokkoli-Salat

Für 2 Personen

200 g grüne Bohnen und kleine
Brokkoliröschen

1 Dose Borlottibohnen (400 g)

1 Selleriestange

½ kleine rote Zwiebel

1 kleine reife Avocado

1 EL Sonnenblumenkerne zum Garnieren

Für das Dressing

1 EL Zitronensaft

2 EL Pflanzenöl

1 EL helle Sojasauce

Salz und frisch gemahlener Pfeffer

- In einem Topf in reichlich Salzwasser die grünen Bohnen und den Brokkoli 2–3 Minuten kochen, unter fließend kaltem Wasser abschrecken. Beiseitestellen.

- Die Borlottibohnen abspülen und abtropfen lassen. Den Sellerie fein hacken, die Zwiebeln in feine Scheiben schneiden. Die Avocado schälen, entkernen und das Fruchtfleisch würfeln. In einer Schüssel mischen.

- In einer kleinen Schüssel die Dressingzutaten verrühren, mit Salz und Pfeffer abschmecken.

- Grüne Bohnen und Brokkoli vorsichtig unter das Gemüse heben und das Dressing unterziehen, würzen. Nach Belieben mit Sonnenblumenkernen bestreut servieren.

 Gebratenes Gemüse mit Ingwer und Soja

1 Zwiebel in Scheiben und 1 entkernte rote Paprika in Streifen schneiden. 1 Knoblauchzehe hacken. In einer Pfanne 2 EL Pflanzenöl auf hohe Temperatur erhitzen und alles darin 3–4 Minuten braten. 1 EL geriebenen Ingwer 1 Minute mitbraten. 150 g grüne Bohnen halbieren und mit 150 g Brokkoliröschen zugeben. Etwa 3–4 Minuten unter Rühren braten, bis das Gemüse weich ist. 150 g Bohnensprossen unterheben und das Ganze weitere 2–3 Minuten braten. Abschmecken. Die Pfanne vom Herd nehmen und 2 EL helle Sojasauce unterrühren. Das Gemüse in Schälchen anrichten und mit 1 TL Sesamsamen bestreut servieren. Nach Belieben Sojasauce zum Beträufeln dazureichen.

Reis mit grünen Bohnen und Brokkoli In einem Topf in reichlich Salzwasser 175 g Naturreis garen. Kalt abschrecken und abtropfen lassen. In der Zwischenzeit in einem weiteren Topf in Salzwasser 125 g grüne Bohnen und 150 g Brokkoliröschen garen, kalt abschrecken und abtropfen lassen. Mit 200 g Kidneybohnen und 1 Dose Mais (200 g) sowie 1 klein geschnittenen Frühlingszwiebel mischen. Den Reis unter das Gemüse heben, dann 2 EL gehackte Korianderblättchen und 1 EL Zitronensaft unterziehen. Das Ganze gut vermischen, mit Salz und frisch gemahlenem Pfeffer abschmecken und servieren.

Pute mit Salbei und Zitrone

Für 2 Personen

250 g Putenbrustfilet

1 Knoblauchzehe

2 EL Olivenöl

abgeriebene Schale und Saft von
½ unbehandelten Zitrone

2 TL in Streifen geschnittene Salbei-
blätter zzgl. etwas zum Garnieren

300 ml Gemüsebrühe

150 g Bulgur

Salz und frisch gemahlener Pfeffer

- Das Putenbrustfilet in Streifen schneiden. Die Knoblauchzehe zerdrücken. In einer Schüssel das Filet mit Knoblauch, 1 EL vom Olivenöl, Zitronenschale und -saft sowie dem Salbei im Kühlschrank 5 Minuten marinieren lassen.

- In der Zwischenzeit in einem Topf die Gemüsebrühe aufkochen und den Bulgur zugeben. Zugedeckt 7 Minuten köcheln, dann den Herd ausstellen und den Bulgur 10 Minuten quellen lassen, bis die Flüssigkeit vollständig aufgenommen ist.

- In einer Pfanne das restliche Öl erhitzen und das marinierte Putenfleisch hineingeben. Unter Rühren 10 Minuten braten. Das Ganze vorsichtig mit dem Bulgur mischen, abschmecken und auf Tellern anrichten. Mit Salbei garniert nach Belieben zu Bohnen oder Zuckerschoten servieren.

Puten-Ciabatta mit Salbei und Zitrone

125 g Frischkäse mit 2 TL fein gehackten Salbeiblättern, je 1 TL abgeriebener Schale und Saft von 1 unbehandelten Zitrone, ½ zerdrückten Knoblauchzehe und je 1 Prise Salz und frisch gemahlenem Pfeffer verrühren. Die Schnittflächen von 2 Ciabattabrötchen dick mit der Paste bestreichen. Je 125 g gegartes Putenfleisch in Scheiben schneiden und gleichmäßig darauf verteilen, mit je 1 Handvoll Rucola oder jungen Spinatblättern belegen. Entweder kalt oder 2–3 Minuten in einer Pfanne geröstet servieren.

Salbei-Zitronen-Putensteak aus dem Ofen

Den Backofen auf 190 °C vorheizen. 1 EL Olivenöl mit dem Saft und der abgeriebenen Schale von ½ unbehandelten Zitrone, 1 zerdrückten Knoblauchzehe und 2 TL fein geschnittenen Salbeiblättern mischen, abschmecken und in eine Auflaufform geben. 2 dicke Putensteaks (je 150 g) hineinlegen und komplett mit der Marinade überziehen. 5 Minuten in den Kühlschrank stellen. In einem Topf 1 EL Olivenöl erhitzen und die Steaks von jeder Seite in ca. 2 Minuten bräunen, dann wieder in die Auflaufform legen. 50 ml trockenen Weißwein zugießen, mit Alufolie abdecken und im Backofen in 15–20 Minuten garen. Sticht man mit einem Messer in das Fleisch hinein, sollten klare Bratensäfte austreten. In der Zwischenzeit in einem Topf gut 300 ml Gemüsebrühe aufkochen und 150 g Bulgur zugeben. Zugedeckt 7 Minuten köcheln, dann den Herd ausstellen und den Bulgur 10 Minuten quellen lassen, bis die Flüssigkeit vollständig absorbiert ist. Den Bulgur auf vorgewärmten Tellern anrichten, die Steaks darauflegen und mit den Bratensäften beträufeln. Mit Salbei und Zitronenstücken garniert servieren.

Nudelauflauf mit Walnüssen und Blauschimmelkäse

Für 4 Personen

350 Vollkornpenne
1 kleiner Brokkoli
150 g Walnusskerne
3 Frühlingszwiebeln
2 EL Olivenöl
1 TL gerebelter Salbei
150 g Sahne
200 g weicher Blauschimmelkäse
Salz und frisch gemahlener Pfeffer

- Den Backofen auf 200 °C vorheizen. In einem Topf in reichlich Salzwasser die Penne al dente garen. Den Brokkoli in Röschen teilen. 3–4 Minuten vor Ende der Nudelgarzeit den Brokkoli hinzugeben. Gut abgießen und Nudeln und Brokkoli wieder in den Topf geben, beiseitestellen.

- Die Walnusskerne hacken und die Frühlingszwiebeln in S(schneiden. In einer Pfanne 2 EL Olivenöl erhitzen. Nüsse und lingszwiebeln darin bei mittlerer Hitze unter häufigem Rühren in 2–3 Minuten braten. Salbei, Sahne und 150 g vom Käse unterrühren und dabei so lange rühren, bis der Käse geschmolzen und eine sämige Sauce entstanden ist, nach Belieben würzen. Mit Penne und Brokkoli mischen, dann das Ganze in eine Auflaufform füllen.

- Den restlichen Käse würfeln und über den Auflauf streuen. Im Backofen in ca. 15 Minuten goldbraun überbacken.

Nudelsalat mit Walnüssen und Blauschimmelkäse In einem Topf in reichlich Salzwasser 400 g Fusilli oder Penne al dente garen. Unter fließend kaltem Wasser abschrecken, abtropfen lassen und wieder in den Topf geben. 3 EL Pesto aus dem Glas, 2 TL Zitronensaft, 2 EL Crème fraîche oder Schmand unterrühren, nach Belieben mit Salz und frisch gemahlenem Pfeffer würzen. In Schalen anrichten und mit 150 g zerkrümeltem Blauschimmelkäse und mit 75 g Walnusskernen bestreut servieren.

Fusilli in Blauschimmel-Walnuss-Sauce In einem Topf 400 g Fusilli in reichlich Salzwasser al dente garen. 200 g Pilze putzen und in Scheiben schneiden, 2 Knoblauchzehen und 125 g Walnusskerne hacken. 3 Frühlingszwiebeln fein schneiden. In einer Pfanne 2 EL Pflanzenöl erhitzen und die Pilze darin bei mittlerer Hitze unter gelegentlichem Rühren in 5–6 Minuten leicht bräunen. Knoblauch, Nüsse und Frühlingszwiebeln hinzufügen und unter Rühren 2–3 Minuten braten. 150 g Sahne und 150 g gewürfelten weichen Blauschimmelkäse

einrühren, bis der Käse vollständig geschmolzen ist. Die Pfanne vom Herd nehmen und 2 TL Zitronensaft sowie reichlich Salz und frisch gemahlenen Pfeffer unterrühren. Die Nudeln abgießen, wieder in den Topf geben und mit der Sauce mischen. Auf 4 Tellern anrichten und sofort servieren.

Bohnen-Sardinen-Salat

Für 4 Personen

1 Dose Cannellinibohnen (400 g)
½ Dose Kidneybohnen (200 g)
1 Glas Dicke Bohnen (300 g)
2 Dosen Sardinen in Öl oder
  Lake (je 125 g)
1 rote Zwiebel
2 Selleriestangen
1 EL Rotweinessig
3 EL Olivenöl
Salz und frisch gemahlener Pfeffer

- Die Bohnen abspülen und abtropfen lassen. Die Sardinen abtropfen lassen und zerkleinern. Die Zwiebeln fein hacken und den Sellerie in feine Scheiben schneiden.

- Alle Zutaten in eine große Schüssel geben und mit Essig und Öl mischen. Nach Belieben würzen.

- In Schüsseln angerichtet servieren.

Linguine mit Bohnen und Sardinen 1 rote Zwiebel, 2 Selleriestangen und 2 Knoblauchzehen fein hacken. 2 Dosen Sardinen (je 125 g) abtropfen lassen, 1 Dose Borlottibohnen (400 g) abspülen und ebenfalls abtropfen lassen. In einer großen Pfanne 2 EL Olivenöl erhitzen und Zwiebeln, Sellerie und Knoblauch darin in 10–12 Minuten weich dünsten, aber nicht bräunen. Sardinen und Bohnen hinzufügen und 2–3 Minuten erhitzen. In einem Topf in reichlich Salzwasser 400 g Linguine al dente garen, abgießen, wieder in den Topf geben und die Sardinen-Bohnen-Mischung unterheben. Abschmecken und in vorgewärmten tiefen Tellern servieren.

Naturreis mit Gemüse und Sardinen In einem Topf in reichlich Salzwasser 300 g Naturreis garen, abgießen und kalt abschrecken. In der Zwischenzeit 1 Dose Kidneybohnen (400 g) abspülen und abtropfen lassen. 1 entkernte rote Paprika und 1 kleine rote Zwiebel fein hacken. 1 Bund Koriander waschen, trocken schütteln, die Blättchen abzupfen und hacken. In einer Schüssel Bohnen, Gemüse und Kräuter mit 2 EL Limettensaft, 1 EL heller Sojasauce und 2 EL Pflanzenöl mischen. Den kalten Reis unterrühren und das Ganze kräftig würzen. 2 Dosen Sardinen (125 g) gut abtropfen lassen, zerkleinern und daraufstreuen. In Schalen angerichtet servieren.

Tomaten-Chorizo-Pasta

Für 4 Personen

200 g Chorizo (würzige spanische Wurst)

2 Knoblauchzehen

150 g geröstete Paprika aus dem Glas

2 EL Olivenöl

2 Dosen gehackte Tomaten (je 400 g)

½ TL Chiliflocken

400 g Penne

Salz und frisch gemahlener Pfeffer

- Die Chorizo würfeln, die Knoblauchzehen hacken und die Paprika abtropfen lassen und grob hacken.

- In einer großen Pfanne 2 EL Olivenöl erhitzen und die Chorizo darin 3–4 Minuten braten. Die restlichen Zutaten – außer der Pasta – hinzufügen und alles aufkochen lassen. Bei schwacher Hitze 15 Minuten köcheln, ab und zu umrühren, bis das Ganze eingedickt ist, abschmecken.

- In der Zwischenzeit in einem Topf in reichlich Salzwasser die Pasta al dente garen, abgießen und in Tellern anrichten. Mit der würzigen Sauce servieren.

 Bratreis mit Tomaten und Chorizo 500 g

Reis in reichlich Salzwasser garen, beiseitestellen. ½ rote Zwiebel in dünne Scheiben schneiden, 2 Knoblauchzehen hacken, 1 rote Chili entkernen und fein hacken, 200 g Chorizo würfeln. In einer Pfanne 2 EL Olivenöl erhitzen und Zwiebeln, Knoblauch, Chili und Chorizo darin bei mittlerer Temperatur 3–4 Minuten braten. Den Reis und 1 kleine Dose Erbsen (200 g, abgetropft) hinzufügen. Etwa 2–3 Minuten unter Rühren erhitzen. 2 Tomaten würfeln und einrühren. Nach Belieben würzen und sofort in vorgewärmten Tellern servieren.

 Jambalaya mit Tomaten und Chorizo

200 g Chorizo würfeln, 1 rote Zwiebel und 1 entkernte rote Paprika hacken. In einem großen Topf 2 EL Olivenöl erhitzen und Wurst sowie Gemüse bei mittlerer Temperatur unter häufigem Rühren 4–5 Minuten darin braten, bis das Gemüse etwas Farbe angenommen hat. 1 EL Cajun-Gewürz und 250 g Langkornreis einrühren. 1 Dose gehackte Tomaten (400 g) und 600 ml Brühe hinzufügen. Aufkochen und bei schwacher Hitze zugedeckt etwa 20 Minuten köcheln, bis der Reis gar ist und die Flüssigkeit absorbiert hat, abschmecken. In vorgewärmten Tellern anrichten und mit einigen Tropfen Tabasco beträufelt und mit gehackten Petersilienblättern bestreut servieren.

Karotten-Brokkoli-Gemüse aus der Pfanne

Für 2 Personen

250 g Brokkoli
2 Karotten
2 Frühlingszwiebeln
150 g Pilze
1 EL Pflanzenöl
175 g asiatische Eiernudeln
2 EL süße Chilisauce
1 EL Sojasauce zzgl. etwas zum Servieren
Salz und frisch gemahlener Pfeffer

- Den Brokkoli in Röschen teilen, die Karotten putzen und in dünne Stifte schneiden. Die Frühlingszwiebeln in 2 cm lange Abschnitte teilen und die Pilze putzen und in dicke Scheiben schneiden. In einer großen Pfanne 1 EL Pflanzenöl erhitzen und Brokkoli und Karotten darin unter Rühren bei mittlerer Temperatur 3 Minuten braten. Das Gemüse sollte bereits etwas weich sein.

- Die Frühlingszwiebeln hinzufügen und weitere 2 Minuten unter Rühren garen, dann die zerkleinerten Pilze zugeben und in 3–4 Minuten weich braten.

- In der Zwischenzeit in einem großen Topf in reichlich Salzwasser die Nudeln al dente garen. Abgießen.

- Die Pfanne mit dem Gemüse vom Herd ziehen, Chili- und Sojasauce einrühren, mit Salz und Pfeffer abschmecken. Dann die Nudeln unterheben, bis sie mit der Sauce überzogen sind. In vorgewärmten Tellern anrichten und sofort mit zusätzlicher Sojasauce servieren.

Brokkoli-Karotten-Couscous 125 g Couscous mit 25 g Butter in eine Schüssel geben und mit 175 ml heißer Gemüsebrühe übergießen. 5–7 Minuten quellen lassen. In der Zwischenzeit in einem großen Wok oder einer großen Pfanne 2 EL Pflanzenöl erhitzen und 400 g Brokkoliröschen und Karottenstücke darin unter Rühren in 3–4 Minuten bissfest braten. Mit dem Couscous und 3 EL süßer Chilisauce mischen, mit Salz und frisch gemahlenem Pfeffer nach Belieben würzen und sofort servieren.

Brokkoli-Blumenkohl-Karotten-Gemüse aus dem Ofen Den Backofen auf 200 °C vorheizen. In einem Topf reichlich Salzwasser aufkochen. 2 Karotten putzen und in Stifte schneiden. Mit je 200 g Brokkoli- und Blumenkohlröschen etwa 3 Minuten kochen, abgießen. Das Gemüse wieder in den Topf geben und vorsichtig 350 g Tomatensauce aus dem Glas unterziehen. In eine Auflaufform füllen. 2 Scheiben altbackenes Brot würfeln und zusammen mit 125 g geriebenem Mozzarella darüberstreuen. Das Gemüse im Ofen in etwa 20 Minuten knusprig backen. Nach Belieben mit einem grünen Salat servieren.

2 ⏱ Linsen mit Rotkohl

Für 2 Personen

½ kleiner Rotkohl
2 Frühlingszwiebeln zzgl. etwas zum
    Garnieren
1 Rote Bete
2 EL Olivenöl
1 TL gemahlener Kreuzkümmel
1 Dose grüne Linsen (300 g)
Salz und frisch gemahlener Pfeffer

• Den Rotkohl in sehr feine Streifen und die Frühlingszwiebeln in Scheiben schneiden. Die Rote Bete schälen und grob reiben.

• In einem Topf 2 EL Olivenöl erhitzen und Rotkohl und Frühlingszwiebeln darin bei mittlerer Temperatur etwa 5 Minuten dünsten, bis der Kohl beginnt, weich zu werden. Die Rote Bete einrühren und alles zugedeckt weitere 8–10 Minuten köcheln lassen. Ab und zu umrühren.

• Den Kreuzkümmel darüberstreuen und 1 Minute miterhitzen. Die Linsen abspülen, abtropfen lassen, zugeben und ebenfalls erhitzen. Nach Geschmack würzen.

• In vorgewärmte tiefe Teller füllen und mit einem Klecks Joghurt und mit Frühlingszwiebeln bestreut servieren. Dazu knuspriges dunkles Brot mit gesalzener Butter reichen.

---

1 ⏱ **Rotkohlsalat** ½ kleinen Rotkohl in Streifen schneiden, 1 kleine geschälte Rote Bete und 1 kleinen geschälten, entkernten Apfel grob reiben. Alles mischen. 1 EL grobkörnigen Senf mit 1 fein gehackten Frühlingszwiebel, 2 TL Rotweinessig und 2 EL Olivenöl verrühren und gut mit dem Gemüse vermengen, abschmecken. Mit warmen Vollkorn-Pittabroten servieren.

3 ⏱ **Apfelrotkohl** 1 rote Zwiebel und 1 Knoblauchzehe fein hacken. ½ Rotkohl in Streifen schneiden und 1 Apfel schälen, entkernen und grob reiben. In einem Topf 3 EL Olivenöl erhitzen und bei mittlerer Temperatur die Zwiebeln darin in 6–7 Minuten weich dünsten. Knoblauch, Rotkohl und Apfel dazugeben und 1 TL gemahlenen Kreuzkümmel einrühren. Etwa 15 Minuten sanft dünsten, häufig umrühren. Das Gemüse sollte dann noch etwas Biss haben. Nach Geschmack würzen, 2 TL Balsamico unterrühren und zu vegetarischer Grillwurst oder einer anderen Wurst servieren.

Limabohnensalat mit Bacon

Für 4 Personen

6 Scheiben durchwachsener Speck
2 Knoblauchzehen
3 EL Olivenöl
1 TL Paprikapulver
3 Tomaten
2 Dosen Limabohnen (je 400 g)
2 EL gehackte Petersilienblätter
2 EL Zitronensaft
Salz und frisch gemahlener Pfeffer

- Den Speck würfeln und die Knoblauchzehen hacken. In einer großen Pfanne 3 EL Olivenöl erhitzen und bei mittlerer Temperatur den Speck darin unter gelegentlichem Rühren in 6–7 Minuten knusprig braten.

- Währenddessen die Tomaten entkernen und würfeln sowie die Limabohnen abspülen und abtropfen lassen. Knoblauch und Paprika in der letzten Minute unter den Speck rühren, dann Tomaten, Limabohnen, Petersilie und Zitronensaft zugeben und alles erhitzen.

- Abschmecken, auf 4 Tellern anrichten und sofort servieren.

Limabohnensuppe mit Tomaten und

Bacon 6 Scheiben durchwachsenen Speck würfeln. In einem großen Topf 3 EL Olivenöl erhitzen und den Speck darin goldgelb braten. 2 gehackte Knoblauchzehen und 1 TL Paprikapulver einrühren. 1 Dose Limabohnen (400 g) abspülen, abtropfen lassen und hinzufügen. Dann 8 getrocknete Tomaten hacken und mit 500 g Passata (passierte Tomaten) aus dem Glas und 500 ml Gemüsebrühe zugeben. Mit 1 Prise frisch gemahlenem Pfeffer würzen und alles etwa 10 Minuten köcheln lassen. Mit einem Pürierstab glatt rühren, alternativ direkt servieren. In vorgewärmte Suppentassen füllen und nach Belieben mit gehackten Petersilienblättern bestreut servieren.

Limabohneneintopf

6 Scheiben durchwachsenen Speck würfeln, 1 Zwiebel hacken und 2 große Karotten putzen und würfeln. In einem großen Topf 3 EL Olivenöl erhitzen und bei mittlerer Temperatur den Speck 4–5 Minuten braten, dann die Zwiebeln und Karotten zugeben und in 4–5 Minuten weich dünsten. 2 Knoblauchzehen hacken und mit 1 TL Paprikapulver einrühren. 1–2 Minuten köcheln lassen, bis der Knoblauch weich ist. 1 Dose Limabohnen (400 g) abspülen und abtropfen lassen. Die Bohnen, 1 Dose gehackte Tomaten (400 g) und 250 ml Gemüsebrühe in den Topf geben und alles aufkochen, abschmecken. Den Eintopf mit aufgesetztem Deckel bei schwacher Hitze 15 Minuten kö-

cheln, bis er eingedickt ist. Mit 2 EL gehacktem Korianderblättern bestreut zu Couscous servieren.

Ingwerhähnchen mit Limettenreis

Für 2 Personen
200 g Hähnchenbrustfilet
175 g Langkornreis
125 g Zuckerschoten

Für die Marinade
2,5 cm Ingwer
1 Knoblauchzehe
1 EL Pflanzenöl
2 EL helle Sojasauce

Für das Dressing
2,5 cm Ingwer
1 Bund Koriander
abgeriebene Schale und Saft von
  2 unbehandelten Limetten
2 EL helle Sojasauce
2 EL Pflanzenöl

- Das Hähnchenbrustfilet in Scheiben schneiden. Für die Marinade den Ingwer schälen und reiben, den Knoblauch ebenfalls reiben. In einer Schüssel das Hähnchen mit den Marinadezutaten mischen und im Kühlschrank 15 Minuten marinieren lassen. In einem kleinen Topf die Zuckerschoten mit kochendem Wasser bedecken. Etwa 3 Minuten darin ziehen lassen, bis sie gerade weich sind, aber noch Biss haben. Abgießen und beiseitestellen.

- In reichlich Salzwasser den Reis garen, abgießen und etwas abkühlen lassen, beiseitestellen. In der Zwischenzeit für das Dressing den Ingwer schälen und reiben. Den Koriander waschen, trocken schütteln und hacken. Die Dressingzutaten miteinander verrühren und beiseitestellen.

- In einer Pfanne ohne Fett das marinierte Hähnchenfleisch unter gelegentlichem Rühren 10–12 Minuten braten. Es sollte gar, aber nicht zu sehr gebräunt sein.

- Das Dressing unter den Reis rühren. Hähnchen und Zuckerschoten unterheben, nach Belieben abschmecken und sofort in Schalen angerichtet servieren.

Hähnchen-Nudel-Topf
150 g Wok-Nudeln garen und auf 2 Schüsseln verteilen. 2 Frühlingszwiebeln klein schneiden, 100 g Zuckerschoten in Streifen schneiden. Beides mit 1 TL geriebenem Ingwer, 200 g gegartem Hähnchenfleisch, 1 EL heller Sojasauce und 2 EL Limettensaft mischen und auf die Nudeln geben. In jede Schüssel 200 ml kochende Gemüsebrühe gießen und zugedeckt 4–5 Minuten ziehen lassen, bis die Nudeln weich sind. Sofort servieren.

Hähnchen-Wrap
Aus 2,5 cm geschältem, geriebenem Ingwer, 1 geriebenen Knoblauchzehe, 1 EL Pflanzenöl und 2 EL heller Sojasauce eine Marinade herstellen. 200 g in Scheiben geschnittenes Hähnchenbrustfilet mit der Marinade mischen. Eine Pfanne erhitzen und das Fleisch darin bei mittlerer Hitze in 8–10 Minuten goldgelb braten. Vom Herd nehmen und leicht abkühlen lassen. In der Zwischenzeit 2 EL gehackte Korianderblättchen mit 3 EL Mayonnaise und 1 Prise frisch gemahlenem Pfeffer mischen. Die Mayonnaise auf 2 große oder 4 kleine Weizen-Tortillas (FP) streichen und mit 1 Handvoll Rucola, Spinat oder anderen Salatblättern bestreuen. Das Hähnchenfleisch darauflegen und mit der restlichen Marinade beträufeln, die Tortillas zusammenrollen und sofort servieren.

Linsen mit Rote Bete, Ziegenkäse und Makrele

Für 4 Personen

200 g getrocknete grüne Linsen
2 rote Zwiebeln
300 g gegarte Rote Bete
3 EL Olivenöl
125 ml Balsamico
2 Dosen Makrele in Öl oder Lake
 (je 125 g)
200 g fester Ziegenkäse
Salz und frisch gemahlener Pfeffer

- In einem Topf in reichlich Salzwasser die Linsen 15–18 Minuten köcheln. Sie sollten gar sein, aber nicht auseinanderfallen. Abgießen und beiseitestellen.

- In der Zwischenzeit die Zwiebeln in feine Scheiben schneiden und die Rote Bete würfeln. In einer großen Pfanne 3 EL Öl erhitzen und die Zwiebeln darin bei schwacher Hitze in 8 Minuten glasig dünsten. Den Balsamico zugeben und weitere 2–3 Minuten dünsten, bis der Essig eine sirupartige Konsistenz bekommt.

- Die Makrele abtropfen lassen und zerkleinern. Den Ziegenkäse zerkrümeln. Die Pfanne vom Herd nehmen und nach und nach Linsen und Rote Bete unterrühren, würzen. 4–5 Minuten abkühlen lassen, dann in Servierschalen füllen und mit Makrele und Ziegenkäse bestreuen.

Rote-Bete-Hummus mit Makrele 250 g gegarte Rote Bete grob würfeln, mit 2 EL Crème fraîche oder Naturjoghurt, 1 EL Meerrettich und 1 EL Zitronensaft in einer Küchenmaschine zu einer glatten oder mit dem Mixer zu einer stückigen Mischung verarbeiten. Mit Salz und frisch gemahlenem Pfeffer würzen und Vollkornbrotscheiben dick damit bestreichen. 2 Dosen Makrele in Öl oder Lake (je 125 g) abtropfen lassen, zerpflücken und dazureichen.

Rote-Bete-Salat mit gegrillter Makrele Den Backofen (wenn möglich mit Grillstufe) auf mittlere Temperatur vorheizen. In einem Topf in reichlich Salzwasser 150 g getrocknete grüne Linsen in etwa 15 Minuten gar köcheln. Abgießen und kalt abschrecken. Alternativ 1 Dose grüne Linsen (400 g) abspülen und abtropfen lassen. 4 frische Makrelenfilets mit der Haut nach oben auf ein Blech legen und mit 2 TL Olivenöl beträufeln. Im Ofen von jeder Seite 4–5 Minuten backen oder grillen. 250 g gegarte Rote Bete würfeln und mit ½ fein gehackten roten Zwiebel und 1 EL Schnittlauchröllchen in eine Schüssel geben. 2 EL Öl und 1 EL Rotweinessig darübertäufeln, würzen, dann die Linsen zugeben und alles gut mischen. Den Salat mit der zerkleinerten Makrele belegt servieren.

Kartoffel-Bohnen-Sardinen-Salat

Für 4 Personen

500 g neue Kartoffeln
200 g grüne Bohnen (TK)
1 rote Zwiebel
4 EL Olivenöl
1 Dose Cannellinibohnen (400 g)
2 Dosen Sardinen in Öl oder Lake
(je 125 g)
1–2 EL Weißwein- oder Apfelessig
Salz und frisch gemahlener Pfeffer

- Die Kartoffeln schälen und in mundgerechte Stücke schneiden. In einem Topf in reichlich Salzwasser garen. 3–5 Minuten vor Ende der Garzeit die grünen Bohnen mit in den Topf geben, damit sie gerade eben weich werden. Abgießen und beiseitestellen.

- Die Zwiebeln in dünne Scheiben schneiden. In einer Pfanne 4 EL Olivenöl erhitzen und die Zwiebeln darin in 4–6 Minuten weich dünsten. Die Cannellinibohnen abspülen, abtropfen lassen, hinzufügen und 2 Minuten miterhitzen.

- Die Sardinen abtropfen lassen und zerpflücken. Die Pfanne vom Herd ziehen und Kartoffeln und Sardinenstücke untermischen. Nach Belieben Essig zugeben und würzen. In 4 Schalen anrichten und mit Rucola servieren.

Bohnencouscous mit Sardinen 250 g Couscous und 25 g Butter in eine Schüssel geben, 300 ml heiße Gemüsebrühe zugießen und abgedeckt 5–8 Minuten quellen lassen, bis die Flüssigkeit vollständig absorbiert ist. In einem Topf 1 Dose gemischte Bohnen (400 g) in 2–3 Minuten erwärmen. Vom Herd nehmen und 2 Dosen zerkleinerte Sardinen (je 125 g), 4 EL Olivenöl und 1–2 EL Rot- oder Weißweinessig unterrühren. Den Couscous mit der Gabel auflockern und mit 1 EL Harissa unter die Sardinenmischung heben, abschmecken.

Sardinen mit Bohnen aus dem Ofen Den Backofen auf 220 °C vorheizen. In einer Pfanne 2 EL Olivenöl erhitzen und 1 gehackte rote Zwiebel 6–7 Minuten darin weich dünsten. 1 Dose gehackte Tomaten (400 g), 100 ml Wasser, 1 Dose abgespülte und abgetropfte Kidneybohnen (400 g) und ½ TL gemischte gerebelte Kräuter untermengen. Zugedeckt 7–8 Minuten köcheln lassen, bis die Bohnen weich sind. In der Zwischenzeit 1 kleines Baguette in dicke Scheiben schneiden und jede Scheibe mit 1 TL Pesto aus dem Glas bestreichen. 2 Dosen abgetropfte und zerkleinerte Sardinen (je 125 g) zu den Bohnen geben und das Ganze in eine Auflaufform füllen. Die Baguettescheiben nebeneinander mit der Pestoseite nach oben darauflegen und mit 125 g geriebenem Emmentaler bestreuen. Im Backofen 12–15 Minuten backen, bis der Käse zerlaufen ist. Auf Tellern anrichten und nach Belieben mit Rucolasalat servieren.

Rindfleisch-Erdnuss-Wrap

Für 2 Personen

200 g Rindfleisch

2 TL rote Currypaste

2 EL Pflanzenöl

1 ½ EL geröstete Erdnüsse

2 große weiche Weizen-Tortillas (FP)

75 g Bohnensprossen

2 Handvoll zerkleinerte Eisbergsalatblätter

2 Limettenviertel

Salz und frisch gemahlener Pfeffer

- Das Rindfleisch in dünne Scheiben schneiden, in eine Schüssel legen und mit der Currypaste mischen, bis es gut überzogen ist.

- In einer Pfanne 2 EL Pflanzenöl erhitzen und das Fleisch darin bei mittlerer Temperatur in 2–3 Minuten braun anbraten. Im Innern sollte es noch rosafarben sein.

- In der Zwischenzeit die Erdnüsse hacken. Die Weizen-Tortillas mit Bohnensprossen und Eisbergsalat füllen, das Fleisch darauflegen, mit Erdnüssen bestreuen, würzen und mit Limettensaft beträufeln. Zusammenrollen und servieren.

Rindfleischspieße mit Sataysauce

Einen Grill vorheizen. 200 g Rindfleisch würfeln und mit 2 TL roter Currypaste und 1 EL Kokoscreme mischen, würzen. 1 rote Paprika und 1 Zwiebel in mundgerechte Stücke schneiden und im Wechsel mit dem Fleisch auf Spieße stecken. Marinieren lassen. In der Zwischenzeit 3 EL Erdnussbutter mit 1 TL roter Currypaste, 1 EL Limettensaft und 3 EL Kokoscreme verrühren, abschmecken. In einem kleinen Topf leicht erwärmen. Die Spieße auf dem Grillrost 8–10 Minuten garen, ab und zu wenden. Alternativ in einer Pfanne kräftig von allen Seiten anbraten. 2 Minuten ruhen lassen. Mit gedämpftem Reis und der warmen Sataysauce beträufelt servieren.

Erdnuss-Bohnen-Pfanne mit Rindfleisch

Eine Pfanne bei schwacher Temperatur erhitzen und 1 Handvoll Erdnusskerne darin 3–4 Minuten rösten. Auf einen Teller geben und die Pfanne wieder auf den Herd stellen. 2 EL Pflanzenöl zugeben und 200 g in Streifen geschnittenes Rindfleisch darin 1–2 Minuten braun anbraten. 75 g Bohnensprossen zugeben und 1 Minute mitbraten. 2 TL rote Currypaste, 200 ml Kokosmilch und 200 ml Hühnerbrühe hinzufügen, alles aufkochen lassen und 5 Minuten köcheln. Vom Herd nehmen und 2 EL Limettensaft unterrühren, abschmecken. In der Zwischenzeit in einem Topf in reichlich Salzwasser 125 g Reisnudeln etwa 3 Minuten garen. Die Nudeln in 2 tiefen Tellern anrichten und mit dem Rindfleisch aus der Pfanne belegen. Mit Erdnüssen bestreut servieren.

Spaghetti mit Fleischbällchen in Tomatensauce

Für 4 Personen

600 g Bratwurst mit Kräutern
2 EL Olivenöl
1 Zwiebel
1 Selleriestange
2 Knoblauchzehen
½ –1 TL Chiliflocken
500 g passierte Tomaten oder
   Passata aus dem Glas
1 EL Tomatenketchup
400 g Vollkornspaghetti
Salz und frisch gemahlener Pfeffer

- Das Fleischbrät aus den Würsten drücken und etwa 20 Bällchen daraus formen. In einem Topf 2 EL Olivenöl erhitzen und die Brätbällchen darin bei mittlerer Temperatur von allen Seiten in 6–7 Minuten bräunen. Mit einem Schaumlöffel herausnehmen und den Topf wieder auf den Herd stellen.

- Die Zwiebeln hacken, den Sellerie klein schneiden und den Knoblauch zerdrücken. Alles in den Topf geben und in 6–7 Minuten dünsten, dann Chiliflocken, Passata und Ketchup einrühren. Würzen und zugedeckt in 12–15 Minuten köchelnd eindicken lassen. Die Fleischbällchen wieder hinzufügen und 7–8 Minuten darin garen. Dann den Topf vom Herd ziehen.

- In einem Topf in reichlich Salzwasser die Spaghetti al dente garen. Abgießen und in 4 tiefe Teller verteilen. Fleischbällchen und Sauce daraufgeben und servieren.

Kichererbseneintopf mit Fleischbällchen

1 rote Zwiebel fein hacken. In einem Topf 2 EL Olivenöl erhitzen und die Zwiebeln darin in 6–7 Minuten weich dünsten, 500 g aufgetaute TK-Fleischbällchen, 500 g Tomaten-Pastasauce aus dem Glas und 1 EL Harissa zugeben. 1 Dose Kichererbsen (400 g) abspülen, abtropfen lassen und ebenfalls zugeben. Alles aufkochen und 1–2 Minuten köcheln lassen, abschmecken. Nach Belieben mit Couscous servieren.

Wrap mit scharfen Hackbällchen Den Backofen auf 200 °C vorheizen. 500 g Rinderhack mit 30 g Fajita-Gewürzmischung, 2 fein gehackten Frühlingszwiebeln, 1 zerdrückten Knoblauchzehe und 1 TL gerebeltem Oregano in eine Schüssel geben, würzen und mit den Händen vermengen. 20 Fleischbällchen daraus formen. In einer Pfanne 2 EL Olivenöl erhitzen und bei mittlerer Temperatur die Fleischbällchen darin 12–14 Minuten braten, ab und zu wenden. In der Zwischenzeit in reichlich Salzwasser 250 g Reis kochen und auf 4 Weizen-Tortillas (FP) verteilen. Die Tortillas mit insgesamt 150 g geriebenem Mozzarella bestreuen und mit jeweils einem Klecks Tomatensalsa bedecken. Die Fleischbällchen darauf anrichten. Zusammenrollen und in Alufolie wickeln. Im Backofen 3–4 Minuten erhitzen. In der Folie und nach Belieben mit Eisbergsalatblättern garniert servieren.

Gebratener Lachs mit Süßkartoffeln

Für 2 Personen

1 große Süßkartoffel
5 EL Olivenöl
2 EL Weizenmehl
50 g Semmelbrösel
1 Ei
2 TL abgeriebene Schale von
 1 unbehandelten Zitrone
250 g Lachsfilet
Salz und frisch gemahlener Pfeffer

- Den Backofen auf 200 °C vorheizen. Die Süßkartoffeln in Spalten schneiden, in eine Schüssel legen und mit 2 EL vom Öl und je 1 Prise Salz und Pfeffer mischen. Auf ein Blech legen und im Backofen unter Wenden in 25 Minuten weich backen.

- In der Zwischenzeit Mehl und Semmelbrösel jeweils in eine flache Schüssel geben. Das Mehl mit je 1 Prise Salz und Pfeffer würzen. Die Zitronenschale unter die Semmelbrösel rühren. Das Ei verquirlen und ebenfalls in eine flache Schüssel geben. Den Lachs in dicke Streifen schneiden und zunächst im Mehl wälzen, dann durch das Ei ziehen und zum Schluss in den Semmelbröseln wälzen. Die Panade andrücken.

- In einer großen Pfanne 3 EL Öl erhitzen und den Lachs von jeder Seite in 3 Minuten knusprig braten. Herausnehmen, auf Küchenpapier abtropfen lassen.

- Mit den Süßkartoffeln servieren und nach Belieben einen grünen Salat und Zitronenstücke dazureichen.

1 **Räucherlachs mit Zitronenmayonnaise**

2 EL Mayonnaise mit 1 TL Zitronensaft verrühren, würzen und 4 Scheiben Vollkornbrot damit bestreichen. Jeweils 1 Handvoll Spinatblätter und 120 g Räucherlachsstücke auf die 4 Scheiben verteilen. Mit frisch gemahlenem Pfeffer bestreuen und nach Belieben mit Zitronensaft beträufelt servieren.

2 **Gegrillter Lachs mit Meerrettich-Kartoffelpüree** Den Backofen (möglichst mit Grillstufe) auf mittlerer Stufe vorheizen. 2 große Kartoffeln schälen und in mundgerechte Stücke schneiden. In reichlich Salzwasser garen. Auf 2 Lachsfilets 1 TL Pflanzenöl streichen und die Filets auf ein Blech legen. Mit frisch gemahlenem Pfeffer würzen und im Ofen von jeder Seite 4–6 Minuten garen. Im Innern sollte

das Fleisch noch rosafarben sein. Alternativ in einer Pfanne braten. Die Kartoffeln abgießen, mit 1 gehäuften EL Sahnemeerrettich, 25 g Butter und 3–4 EL Milch wieder in den Topf geben und mit dem Kartoffelstampfer zu einem glatten Püree verarbeiten. Das Püree auf 2 Tellern anrichten und den Lachs jeweils daraufsetzen. Nach Belieben gedämpften Spinat und Zitronenstücke dazureichen.

QuickStudent

Zum Chillen

Rezepte nach Zubereitungszeit

30

20

Chili-Paprika-Hot-Dog

Für 4 Personen

1 rote Zwiebel
1 rote Paprika
2 EL Pflanzenöl
4 TL mittelscharfes Chilipulver
1 EL Zitronensaft
8 Wiener Würstchen
4–8 Hot-Dog-Brötchen
Salz und frisch gemahlener Pfeffer

- Die Zwiebeln in dünne Scheiben schneiden, die Paprika entkernen und in schmale Streifen schneiden. In einer Pfanne 2 EL Pflanzenöl erhitzen und Zwiebeln und Paprika darin bei hoher Temperatur etwa 5–6 Minuten bräunen.

- Die Hitze reduzieren. Chilipulver und Zitronensaft einrühren und die Würstchen in die Pfanne legen. 2–3 Minuten erhitzen, die Pfanne regelmäßig rütteln, damit alles gleichmäßig gart. Mit Salz und Pfeffer abschmecken.

- Die Chiliwürstchen mit Zwiebeln und Paprika in die Brötchen legen und sofort servieren.

Scharfe Wurst-Bohnen-Pfanne 6 feste Bratwürste (oder 16 Nürnberger Würstchen) in etwa 2,5 cm lange Stücke schneiden. In einer großen Pfanne 2 EL Olivenöl erhitzen und die Wurststücke darin bei mittlerer Temperatur mit 1 fein gehackten Zwiebel und 1 entkernten, in Streifen geschnittenen roten Paprika 8 Minuten braten. 3 TL Chilipulver zugeben und das Ganze unter häufigem Rühren weitere 2 Minuten braten. 2 Dosen weiße Bohnen (je 400 g) abspülen und abtropfen lassen. Mit 500 g passierten Tomaten aus dem Glas in die Pfanne geben und alles 7–8 Minuten köcheln lassen, bis die Sauce eingedickt ist. Abschmecken und mit Toast oder gebackenen Kartoffeln servieren.

Piri-Piri-Wurst aus dem Ofen Den Backofen auf 200 °C vorheizen. 1 große Zwiebel in grobe Stücke schneiden, 2 rote Paprika entkernen und in breite Streifen schneiden. Mit 8 Würsten (nach Belieben) in eine ofenfeste Form legen. Mit 3 EL Pflanzenöl, 1 EL Zitronensaft und 4 TL Piri-Piri mischen, mit Salz und frisch gemahlenem Pfeffer abschmecken. Dann im Ofen etwa 20 Minuten backen, während des Backens mehrmals umrühren. Mit knusprigem Brot oder Krautsalat servieren.

Penne mit Thunfisch und Oliven

Für 2 Personen (als Snack) oder für 4 Personen (als Vorspeise)

1 rote Zwiebel

2 Knoblauchzehen

3 EL Olivenöl

2 Dosen gehackte Tomaten (je 400 g)

½ TL Chiliflocken

400 g Penne

1 Dose Thunfisch in Lake oder Öl (185 g)

75 g entsteinte schwarze Oliven

Salz und frisch gemahlener Pfeffer

- Die Zwiebeln in Scheiben schneiden und die Knoblauchzehen hacken. In einer großen Pfanne 3 EL Olivenöl erhitzen und die Zwiebeln darin bei mittlerer Temperatur in 6–7 Minuten weich dünsten. Den Knoblauch zugeben und 1 Minute mitdünsten.

- Die gehackten Tomaten und die Chiliflocken einrühren und in 8–10 Minuten sämig einkochen lassen, abschmecken.

- In der Zwischenzeit in einem Topf in reichlich Salzwasser die Penne al dente garen, abgießen und wieder in den Topf füllen. Den Thunfisch abtropfen lassen und zerkleinern. Die Sauce mit Thunfisch und Oliven zur Pasta geben und untermengen.

- In 4 vorgewärmten tiefen Tellern anrichten und servieren.

Thunfisch-Oliven-Salat In einem kleinen Topf in kochendem Wasser 4 kleine Eier in 6–7 Minuten garen. In der Zwischenzeit 1 kleinen Kopf Eisbergsalat putzen und zerpflücken, 2 Tomaten in Stücke schneiden. 1 Dose Thunfisch (185 g) abtropfen lassen und zerpflücken. Den Salat auf 4 Tellern anrichten und 75 g entsteinte schwarze Oliven darauf verteilen. Die Eier kalt abschrecken, pellen, vierteln und auf dem Salat anrichten. Mit einer Vinaigrette aus Senf, Zucker, Salz, Pfeffer, Essig und Olivenöl beträufelt servieren.

Thunfischburger mit Oliven und Bohnen 1 Dose weiße Bohnen (400 g) abspülen, abtropfen lassen und in eine Schüssel geben. Die Bohnen mit einer Gabel oder einem Kartoffelstampfer etwas zerdrücken, dann 1 Dose abgetropften und zerpflückten Thunfisch (185 g), 50 g fein gehackte grüne Oliven, 100 g abgetropften Mais aus der Dose, 2 fein gehackte Frühlingszwiebeln, 1 kleines verquirltes Ei und 1 EL Schnittlauchröllchen hinzufügen. Die Zutaten gut mischen und kräftig mit Salz und frisch gemahlenem Pfeffer würzen. Mit den Händen 4 Bratlinge daraus formen. Mit Semmelbröseln panieren und 15 Minuten in den Kühlschrank stellen. In einer Pfanne 3 EL Olivenöl erhitzen und darin die Burger bei mittlerer Temperatur 2–3 Minuten von jeder Seite braten. 4 Burgerbrötchen mit je 1 Käsescheibe, Tomatenscheiben und einigen Salatblättern sowie einem Burger anrichten und etwas Ketchup oder Mayonnaise daraufgeben. Sofort servieren.

Knoblauch-Tomaten-Linsen

Für 4 Personen

1 große Zwiebel
2 Knoblauchzehen
2 EL Olivenöl
1 Glas Tomaten-Pastasauce (400 g)
2 Dosen Linsen (je 400 g)
1 TL gerebelter Oregano
100 g geriebener Parmesan
Salz und frisch gemahlener Pfeffer

- Die Zwiebeln und die Knoblauchzehen hacken. In einer Pfanne 2 EL Olivenöl erhitzen und Zwiebeln und Knoblauch darin bei mittlerer Temperatur 7–8 Minuten dünsten, häufig umrühren. Die Pastasauce einrühren.

- Die Linsen abspülen und abtropfen lassen. Mit dem Oregano in die Pfanne geben und alles zum Köcheln bringen, abschmecken.

- In tiefen Tellern anrichten und mit Parmesan bestreuen. Dazu Toast oder Brot servieren.

Tomaten-Knoblauch-Sauce zu Nudeln In einer großen Pfanne 2 EL Öl erhitzen. 1 große Zwiebel und 2 Knoblauchzehen hacken und im Öl dünsten. 2 Dosen gehackte Pflaumentomaten (je 400 g) und 1 TL gerebelten Oregano zugeben. 10–12 Minuten sanft köcheln, bis das Ganze eindickt. Mehrmals umrühren und mit Salz und frisch gemahlenem Pfeffer abschmecken. Die Sauce auf gekochte Nudeln oder Backkartoffeln geben und nach Belieben mit geriebenem Parmesan bestreuen.

Paprika-Tomaten-Reis 1 große Zwiebel hacken. 1 grüne oder gelbe Paprika entkernen und ebenfalls hacken. In einem großen Topf 2 EL Olivenöl erhitzen und Zwiebeln und Paprika darin 6–7 Minuten dünsten. 2 gehackte Knoblauchzehen zugeben und etwa 1 Minute mitdünsten. 250 g Langkornreis einrühren und 2 Dosen gehackte Tomaten (je 400 g), 1 TL gerebelten Oregano, 450 ml Wasser und 1 zerkrümelten Würfel Gemüsebrühe zugeben. Gut umrühren, dann zugedeckt bei schwacher Hitze 18 bis 20 Minuten köcheln lassen, bis der Reis den Großteil der Flüssigkeit aufgenommen hat. Dazu nach Belieben scharfe Chilisauce servieren.

1 Pilzreis mit Ei

Für 2 Personen

200 g Pilze
2 Frühlingszwiebeln
2 EL Pflanzenöl
1 großes Ei
250 g gegarter Reis
Salz und frisch gemahlener Pfeffer

- Die Pilze putzen und hacken, die Frühlingszwiebeln ebenfalls hacken. In einer großen Pfanne 2 EL Pflanzenöl erhitzen und Pilze und Frühlingszwiebeln darin bei mittlerer Temperatur unter Rühren 4–5 Minuten braten, bis die Pilze weich sind. Kräftig mit Salz und Pfeffer würzen.

- Die Temperatur erhöhen. Das Ei verquirlen, zugeben und alles unter häufigem Rühren weitere 2 Minuten braten, bis das Ei gestockt ist. Den Reis einrühren und alles erhitzen.

- Die Pfanne vom Herd ziehen und den Pilzreis mit Ei in tiefen Tellern anrichten. Sofort mit Sojasauce servieren.

2 Pilze in Schwarze-Bohnen-Sauce 1 große Zwiebel in Scheiben, 1 grüne entkernte Paprika in Streifen schneiden. In einer großen Pfanne 2 EL Pflanzenöl erhitzen und bei mittlerer Temperatur Zwiebeln und Paprika darin in 3–4 Minuten leicht Farbe annehmen lassen. 150 g Pilze putzen und halbieren, 1 Knoblauchzehe klein schneiden. Beides in die Pfanne geben und unter Rühren 3–4 Minuten braten. 1 Glas Schwarze-Bohnen-Sauce (250 g, aus dem Asiahandel) zugeben und die Sauce 3–4 Minuten köcheln lassen, abschmecken. Sofort mit gekochten Nudeln oder Reis servieren.

3 Hoi-Sin-Pilze mit Reis Den Backofen auf 180 °C vorheizen. 8–10 geputzte große, flache Pilze mit der Stielseite nach oben in eine Auflaufform setzen. 2 TL geriebenen Ingwer mit 1 zerdrückten Knoblauchzehe, 2 EL Pflanzenöl und 3 EL Hoi-Sin-Sauce (aus dem Asiahandel) verrühren und die Mischung über die Pilze träufeln. Mit Alufolie abgedeckt im Ofen etwa 15–20 Minuten backen, bis die Pilze weich sind. In der Zwischenzeit 150 g Langkornreis in leicht gesalzenem Wasser garen. Gut abgießen und auf 2 Teller verteilen. Jeweils 4–5 Pilze daraufsetzen und mit den Garsäften beträufeln. Nach Belieben mit Salz und frisch gemahlenem Pfeffer würzen.

30 Fischauflauf

Für 4 Personen

350 g Fischfilets (Lachs, Rotbarsch, Seelachs)
1 großes Glas Käse-Pastasauce (350 g)
150 g geschälte Garnelen (TK)
1 Dose Erbsen (200 g)
2 EL gehackte Petersilienblätter
500 g Kartoffelpüree (frisch zubereitet oder Rest vom Vortag)
100 g geriebener Gouda
Salz und frisch gemahlener Pfeffer

- Den Backofen auf 200 °C vorheizen. Den Fisch in mundgerechte Stücke schneiden. In einem Topf die Käsesauce erhitzen, bis sich Blasen bilden. Den Fisch 2–3 Minuten darin einrühren.

- Garnelen und Erbsen zugeben und alles zum Kochen bringen. Den Topf vom Herd ziehen und die Kräuter unterrühren, mit Salz und frisch gemahlenem Pfeffer abschmecken.

- Das Ganze in eine Auflaufform füllen und gleichmäßig mit dem Kartoffelpüree bestreichen. Mit dem Käse bestreuen.

- Im Ofen in 20 Minuten backen. Sofort mit grünen Bohnen oder einem Salat servieren.

 **Spaghetti mit Garnelen-Sahne-Sauce** In einem Topf in reichlich Salzwasser 400 g Spaghetti al dente garen. In einem weiteren Topf 25 g Butter zerlassen und bei mittlerer Hitze 3 klein geschnittene Frühlingszwiebeln darin 2–3 Minuten dünsten. 300 g Frischkäse mit Schnittlauch oder Kräutern unterrühren und schmelzen lassen. 250 g geschälte Garnelen (TK) etwa 3 Minuten darin erhitzen, mit Salz und frisch gemahlenem Pfeffer würzen. Die Nudeln abgießen, wieder in den Topf geben und mit der Garnelensauce vermengen. Sofort mit gehackten Petersilienblättern oder Schnittlauchröllchen bestreut servieren.

 Fischfilet mit Kartoffelpüree Den Backofen auf 200 °C vorheizen. 4 Fischfilets (Seelachs oder Lachs) in eine mittelgroße Auflaufform legen. 1 großes Glas Käse-Pastasauce (350 g) zugeben und alles mit 100 g geriebenem Mozzarella bestreuen. Im Backofen in 15–18 Minuten garen. In der Zwischenzeit 750 g geschälte Kartoffeln in reichlich Salzwasser garen und abgießen. Mit 50 g Butter, 3 EL Milch und je 1 Prise Salz und frisch gemahlenem Pfeffer wieder in den Topf geben. Mit einem Kartoffelstampfer pürieren. Den überbackenen Fisch mit Kartoffelpüree und grünen Bohnen servieren.

Bulgur mit gegrilltem Gemüse

Für 4 Personen

250 g Bulgur
600 ml Gemüsebrühe
2 rote oder grüne Paprika
2 Zucchini
1 große Zwiebel
200 g Pilze
Salz und frisch gemahlener Pfeffer
Oliven- oder aromatisiertes Öl zum
   Beträufeln

- Den Backofengrill auf mittlerer Stufe vorheizen. In einem großen Topf Bulgur mit Gemüsebrühe übergießen. Kurz aufkochen und zugedeckt etwa 7 Minuten köcheln lassen. Dann beiseitestellen und den Bulgur quellen lassen.

- In der Zwischenzeit Paprika, Zucchini und Zwiebeln putzen und in mundgerechte Stücke schneiden, die Pilze halbieren. Die Gemüsestücke und die Pilze abwechselnd auf 4 lange oder 8 kurze Spieße stecken, mit etwas Öl beträufeln, mit Salz und frisch gemahlenem Pfeffer würzen und in eine Grillschale oder auf ein mit Alufolie bedecktes Backblech legen. 15–18 Minuten grillen, ab und zu wenden, bis das Gemüse gar ist und stellenweise leicht verbrannte Stellen hat. Alternativ in einer Pfanne in etwas Olivenöl von allen Seiten kräftig braten.

- Den Bulgur nach Belieben mit Butter verfeinern, würzen und auf Tellern anrichten. Die vegetarischen Spieße dazulegen. Mit Tsatsiki oder Minzjoghurt zum Dippen servieren.

Gemüsecouscous
250 g Couscous mit 25 g Butter in eine Schüssel geben und mit 300 ml kochender Gemüsebrühe übergießen. Abgedeckt 5–8 Minuten ziehen lassen, bis die Körner weich sind und die Flüssigkeit vollständig aufgenommen haben. 1 kleine rote Zwiebel hacken, 2 Karotten putzen und grob reiben. 500 g gegarte Rote Bete würfeln. Das Gemüse unter den Couscous heben und 2 EL Vinaigrette (siehe Seite 130) unterrühren. Sofort servieren.

Gemüsepilaw mit Bulgur 1 große Zwiebel, 1 rote oder grüne Paprika und 2 Knoblauchzehen hacken. In einer tiefen Pfanne 2 EL Pflanzenöl erhitzen und Zwiebeln, Paprika und Knoblauch darin bei mittlerer Temperatur 6–7 Minuten braten. 250 g Bulgur einrühren, bis die Körner mit dem Öl überzogen sind. 300 g frisches oder TK-Gemüse putzen, klein schneiden und in die Pfanne geben. 600 ml Gemüsebrühe hinzufügen und bei Bedarf mit Salz und frisch gemahlenem Pfeffer abschmecken. Zugedeckt 10–15 Minuten köcheln lassen, bis der Bulgur die Flüssigkeit absorbiert hat. In Schälchen füllen und nach Belieben mit gehackten Petersilienblättern bestreut servieren.

30 Bohnen-Gemüse-Suppe

Für 4 Personen

1 große Zwiebel
2 Knoblauchzehen
1 rote Paprika
1 rote Chili
2 EL Olivenöl
1 Dose gemischte Bohnen (400 g)
500 g Passata (passierte Tomaten)
  aus dem Glas
750 ml Gemüsebrühe
200 g gemischtes Gemüse
  (frisch, TK oder vom Vortag)
Salz und frisch gemahlener Pfeffer

• Die Zwiebeln und Knoblauchzehen hacken. Die Paprika und Chili entkernen und hacken. In einem großen Topf 2 EL Olivenöl erhitzen und Zwiebeln, Knoblauch, Paprika und Chili darin bei mittlerer Temperatur in 6–7 Minuten weich dünsten.

• Die Bohnen abspülen, abtropfen lassen und in den Topf geben. Passata und Brühe hinzufügen und alles zum Kochen bringen. Bei schwacher Hitze 12–15 Minuten köcheln lassen, bis das Ganze leicht eingedickt ist.

• Das Gemüse putzen und würfeln. Zugeben und alles weitere 3–4 Minuten köcheln. Gut abschmecken. In Suppentassen füllen und heiß servieren – nach Belieben mit gehackten Petersilienblättern bestreuen.

---

1 Bohnen-Tostada

Eine große Pfanne erhitzen und 4 große Weizen-Tortillas (FP) darin von jeder Seite knusprig rösten. Die Tortillas auf Servierteller legen. In einem Topf 1 Dose Refried Beans (400 g, zweifach gegarte Bohnen) oder Baked Beans (400 g) erwärmen und auf den Tortillas verteilen. Jede Tortilla mit je 1 gehackten Tomate und Frühlingszwiebel bestreuen. 1 große rote Chili entkernen, hacken und auf die Tortillas streuen. Alternativ oder, wer es sehr scharf mag, zusätzlich mit Tabasco oder einer scharfen Chilisauce beträufeln. Sofort mit zerkleinerten Eisbergsalatblättern und einem Klecks Schmand (nach Belieben) servieren.

2 Bohnen-Quesadilla

1 Zwiebel und 2 Knoblauchzehen hacken. 1 Paprika und 1 Chili entkernen und hacken. In einer Pfanne 2 EL Pflanzenöl erhitzen und Zwiebeln, Knoblauch, Paprika und Chili in 6–7 Minuten weich dünsten. 1 Dose Kidneybohnen (400 g) und 200 ml Gemüsebrühe zugeben und alles 5 Minuten köcheln lassen. Das Ganze mit einem Kartoffelstampfer zerdrücken, würzen. Dann die stückige Mischung auf 4 mittelgroße Weizen-Tortillas (FP) geben. Jede Tortilla mit 25 g geriebenem Emmentaler bestreuen, dann mit einer zweiten Tortilla bedecken. Die Quesadilla in einer Pfanne ohne Fett von beiden Seiten rösten, sodass der Käse zer-

läuft. Sofort servieren. Dazu nach Belieben zerkleinerte Eisbergsalatblätter und einen Klecks Schmand reichen.

Honig-Senf-Würstchen mit Kartoffelspalten

Für 4 Personen

1 kg Kartoffeln
4 EL Pflanzenöl
1 TL gerebelter Thymian
12–16 kleine Bratwürste
(z. B. Nürnberger)
2 EL flüssiger Honig
2 EL grobkörniger Senf
Salz und frisch gemahlener Pfeffer

- Den Backofen auf 200 °C vorheizen. Die Kartoffeln waschen und ungeschält in Spalten schneiden. Mit 2 EL vom Pflanzenöl, Thymian und 1 Prise Salz und Pfeffer mischen. Auf ein Backblech legen und im Backofen unter mehrfachem Wenden in 25 Minuten knusprig backen.

- Die Würstchen in einer Pfanne mit dem restlichen Pflanzenöl beträufelt unter mehrfachem Wenden braten.

- In der Zwischenzeit Honig und Senf verrühren. Die Würstchen 4–5 Minuten vor Ende der Garzeit mit der Mischung bestreichen. Kurz weiterbraten, bis sie gleichmäßig überzogen sind.

- Die Würstchen mit den Kartoffeln und nach Belieben mit reichlich grünem Salat oder Krautsalat servieren.

Honig-Senf-Wurstbrötchen 1 TL flüssigen Honig und 2 EL grobkörnigen Senf mit 6 EL Mayonnaise verrühren. 4 kleine Baguettes oder knusprige Baguettebrötchen aufschneiden und die Schnittflächen dick mit der Mischung bestreichen. 8 Wiener Würstchen (Schwein oder Geflügel) klein schneiden und auf den Baguettes verteilen. Mit grünen Salatblättern oder Gurkenscheiben belegen und sofort servieren.

Kräuterwürste mit Honig-Senf-Dip Den Backofengrill auf mittlerer Stufe vorheizen. 12–16 kleine Kräuterbratwürstchen auf ein mit Alufolie bedecktes Blech legen. Unter dem Grill unter mehrfachem Wenden in 12–18 Minuten bräunen. Alternativ in einer Pfanne braten. In der Zwischenzeit in einem kleinen Topf 3 EL flüssigen Honig mit 3 EL grobkörnigem Senf und ½ TL gerebeltem Thymian sanft erhitzen, bis der Dip flüssig und warm ist. In eine kleine Schüssel gießen und zu den heißen Würstchen servieren. Dazu Baguette oder Laugenbrezel und einen grünen Salat reichen.

Überbackene Reibekuchen

Für 2 Personen

4 Reibekuchen (FP)
4 Frühlingszwiebeln
2 EL Pflanzenöl
1 TL gerebelter Thymian
125 g geriebener Emmentaler
frisch gemahlener Pfeffer

- Den Backofen auf mittlerer Stufe vorheizen. Die Reibekuchen auf einem Blech im Ofen in 6–8 Minuten goldgelb backen, dabei einmal wenden.

- In der Zwischenzeit die Frühlingszwiebeln in Scheiben schneiden und in einer Pfanne 2 EL Pflanzenöl erhitzen. Die Frühlingszwiebeln darin bei mittlerer Hitze in 3–4 Minuten weich dünsten. Den Thymian einrühren und alles etwas abkühlen lassen, dann mit dem Emmentaler und reichlich Pfeffer mischen.

- Die Reibekuchen mit der Kräuter-Käse-Mischung bedecken. 1 weitere Minute im Backofen erhitzen, bis der Käse zerlaufen ist. Sofort mit grünem Salat servieren.

Kartoffel-Käse-Omelett Den Backofen auf höchster Stufe vorheizen. In einer Pfanne 2 EL Olivenöl erhitzen. 1 große Zwiebel in Scheiben schneiden und bei mittlerer Temperatur 7–8 Minuten im Öl dünsten. Ab und zu umrühren. 200 g gegarte Kartoffeln in Scheiben schneiden und mit 1 TL gerebeltem Thymian zugeben. 5 Eier mit etwas Salz und frisch gemahlenem Pfeffer verquirlen und in die Pfanne gießen. 5–6 Minuten stocken lassen, dann 100 g geriebenen Emmentaler darüberstreuen. Im Backofen auf der obersten Schiene in 2–3 Minuten leicht bräunen. In Stücke schneiden und mit einem Salat servieren.

Kartoffel-Zwiebel-Tasche Den Backofen auf 200 °C vorheizen. 200 g gegarte Kartoffeln würfeln und mit 2 fein gehackten Frühlingszwiebeln und 125 g zerkrümeltem Feta mischen. ½ TL gerebelten Thymian und 1 gute Prise Pfeffer zugeben. 300 g Blätterteig (TK) ausrollen und 2 Kreise (18 cm Durchmesser) ausschneiden. Auf jedem Teigkreis 1–2 EL Zwiebelchutney verstreichen, dabei einen Rand frei lassen. Die Kartoffel-Käse-Mischung auf beide Kreise verteilen und die Ränder mit etwas verquirltem Ei oder Milch bestreichen. Jeweils den Teig über die Füllung schlagen und die Enden fest zusammendrücken. Auf ein Backblech legen, mit Ei oder Milch bestreichen und im Backofen in 15–20 Minuten goldgelb backen. Warm mit einem grünen Salat oder Gemüse servieren.

Sojahähnchen mit Reisnudeln

Für 2 Personen

300 g asiatische Reisnudeln
½ rote Chili
2 Frühlingszwiebeln
150 g gegarte Hähnchenbrust
1 rote Paprika
2 EL Sojasauce
1 EL Pflanzenöl
1 TL geriebener Ingwer

- Die Nudeln nach Packungsangabe garen. Abtropfen lassen, dann kalt abschrecken. In eine große Schüssel füllen.

- Die Chili entkernen und hacken, die Frühlingszwiebeln in Streifen und die Hähnchenbrust in Scheiben schneiden. Die Paprika entkernen und in Streifen schneiden.

- Sojasauce, 1 EL Pflanzenöl und Ingwer verrühren und das Ganze über die Nudeln geben. Gut vermengen, dann die restlichen Zutaten untermischen. In Schalen zum Servieren anrichten.

Sojanudeln mit Hähnchen In einer Pfanne 2 EL Pflanzenöl erhitzen und 1 großes, in dünne Scheiben geschnittenes Hähnchenbrustfilet bei mittlerer Temperatur darin 5–6 Minuten braten. 125 g klein geschnittene Zuckerschoten, 2 klein geschnittene Frühlingszwiebeln, 1,5 cm geschälten und gehackten Ingwer, 2 in Scheiben geschnittene Knoblauchzehen und ½ gehackte rote Chili hinzufügen und unter Rühren 2–3 Minuten braten. Dann 300 g Wok-Nudeln 3 Minuten lang einrühren. 2 EL Sojasauce und 2 EL Austernsauce unterrühren und in Schalen servieren.

Sojahähnchen mit Reis In einer Pfanne 2 EL Öl erhitzen und 4 Hähnchenschenkel ohne Knochen mit der Hautseite nach unten darin bei mittlerer Temperatur in 6–8 Minuten knusprig anbraten. Aus der Pfanne nehmen und beiseitelegen. In einem Topf in reichlich Salzwasser 200 g mittelgroße asiatische Eiernudeln al dente garen. Die Pfanne bei schwacher Hitze wieder auf den Herd stellen, gegebenenfalls etwas Pflanzenöl zugeben. 2 in dicke Scheiben geschnittene Zwiebeln, 1,5 cm geschälten und gehackten Ingwer, 2 klein geschnittene Knoblauchzehen und ½ gehackte rote Chili darin 2–3 Minuten dünsten. Dann 2 Handvoll Bohnensprossen weitere 2 Minuten mitdünsten. 3 EL Sojasauce, 1 EL flüssigen Honig und 2 EL Wasser zugeben. Das Hähnchen wieder in die Pfanne legen und alles 3–4 Minuten erhitzen, mit Salz und frisch gemahlenem Pfeffer abschmecken.

3 ◖ Kartoffelcurry mit Blumenkohl und Spinat

Für 4 Personen

450 g Kartoffeln
1 große Zwiebel
½ kleiner Blumenkohl (250 g)
3 EL Pflanzenöl
4 EL mittelscharfe Currypaste
300 ml Gemüsebrühe
200 ml Kokosmilch
150 g Blattspinat
Salz und frisch gemahlener Pfeffer

- Die Kartoffeln schälen und in mundgerechte Stücke schneiden. Die Zwiebeln grob hacken und den Blumenkohl in größere Röschen teilen. In einer tiefen Pfanne 3 EL Pflanzenöl erhitzen und Kartoffeln und Zwiebeln darin bei mittlerer Temperatur unter gelegentlichem Rühren 5–6 Minuten braten. Das Gemüse sollte dann leicht Farbe angenommen haben. Die Currypaste für 1 Minute einrühren, damit sich das Aroma entfaltet.

- Den Blumenkohl hinzufügen und rühren, bis er vollständig mit dem Gewürz überzogen ist, dann Brühe und Kokosmilch zugeben. Zugedeckt etwa 15 Minuten köcheln, bis die Kartoffeln und der Blumenkohl weich sind und die Sauce etwas eingedickt ist. Nach Belieben würzen.

- Den Spinat waschen und zugeben. 2–3 Minuten köcheln, bis er etwas zusammengefallen ist. Das heiße Curry auf Reis oder mit Naanbrot servieren. Nach Belieben mit gehacktem Koriander bestreut servieren.

---

1 ◖ Blumenkohl-Linsen-Curry auf Toast In einem Topf in leicht gesalzenem Wasser 250 g Blumenkohlröschen in 5–6 Minuten knapp garen, abgießen. In der Zwischenzeit in einem großen Topf 2 EL Pflanzenöl erhitzen und darin 1 große gehackte Zwiebel bei mittlerer Temperatur in 6–7 fast weich dünsten. 1 Dose Linsen (400 g) abspülen und abtropfen lassen. Mit 1 Flasche milder Currysauce (500 g) und dem Blumenkohl in die Pfanne geben. Abschmecken, 1–2 Minuten erhitzen, dann auf Buttertoast servieren.

2 ◖ Kichererbsencurry mit Blumenkohl und Spinat In einer großen Pfanne 2 EL Pflanzenöl erhitzen und bei mittlerer Temperatur 1 fein gehackte Zwiebel 5–6 Minuten darin dünsten, bis sie leicht Farbe angenommen hat. 3 EL mittelscharfe Currypaste 1 Minute einrühren. 1 Dose Kichererbsen (400 g) abspülen, abtropfen lassen und dann mit 300 g Blumenkohlröschen, 6 grob gehackten Tomaten und 400 ml Gemüsebrühe hinzufügen. Aufkochen und bei schwacher Hitze 10 Minuten köcheln lassen, gegebenenfalls etwas mehr Flüssigkeit zugeben. Der Blumenkohl sollte dann weich und das Ganze leicht eingedickt sein. 200 g gewaschene Spinatblätter einrühren, etwas zusammenfallen lassen, dann das Curry nach Belieben in Schalen angerichtet mit Naanbrot servieren.

30 Erbsen-Zucchini-Risotto mit Bacon

Für 4 Personen

150 g durchwachsener Speck
50 g Butter
300 g Risottoreis
100 ml trockener Weißwein
900 ml Hühnerbrühe
2 Zucchini
1 Dose Erbsen (200 g)
1 Bund Basilikum
Salz und frisch gemahlener Pfeffer

- Den Speck würfeln. In einem Topf die Butter zerlassen und den Speck darin bei mittlerer Hitze in 6–7 Minuten goldgelb braten. Mit einem Schaumlöffel die Hälfte des Specks herausnehmen und beiseitestellen.

- Den Risottoreis einrühren und Wein sowie Brühe zugießen. Aufkochen, dann 15–18 Minuten sanft köcheln lassen. So oft wie möglich umrühren. Am Ende der Garzeit sollte der Reis zart und weich sein. Währenddessen die Zucchini grob reiben. Mit den Erbsen 2–3 Minute vor Garende unterziehen.

- Basilikum waschen, trocken schütteln und die Blätter zerzupfen. Das Risotto würzen, in 4 vorgewärmte Schalen füllen und mit dem restlichen Speck sowie Basilikumblättern bestreuen. Dazu nach Belieben geriebenen Parmesan reichen.

1 Nudel-Erbsen-Suppe

In einem großen Topf 50 g Butter zerlassen. 200 g Speck fein hacken und bei mittlerer Hitze 4–5 Minuten in der Butter braten, ab und zu umrühren. 600 ml Gemüsebrühe, 2 EL Barbecuesauce aus der Flasche, 1 Dose Erbsen (200 g) und 400 g Nudeln zugeben. Das Ganze zugedeckt so lange köcheln, bis die Nudeln gar sind. Mit Salz und frisch gemahlenem Pfeffer abschmecken. Die Suppe in Schalen anrichten.

2 Nudeltopf mit Gemüse und Speck

In einem Topf 50 g Butter zerlassen. 250 g Speck hacken und in 7–8 Minuten in der Butter goldgelb braten. 300 g Orzo (Reisnudeln, alternativ eine andere kleine Nudelsorte) hinzufügen, dann 500 ml Gemüsebrühe zugießen. Aufkochen und bei schwacher Hitze nach Packungsangabe etwa 8–10 Minuten köcheln lassen, bis die Nudeln weich sind. Eventuell mehr Brühe oder Wasser zugeben. 1 Dose Erbsen (200 g) und 200 g gedünstete Karotten- oder Zucchinischeiben die letzten 4–5 Minuten mitköcheln lassen. Mit Salz und frisch gemahlenem Pfeffer abschmecken. In 4 Schalen anrichten und mit zerzupften Basilikumblättern und reichlich geriebenem Parmesan bestreut servieren.

 # Spaghetti mit Chili und Anchovis

Für 2 Personen

200 g dünne Spaghetti
½ –1 rote Chili
6 Anchovis aus der Dose
2 EL Olivenöl
1 EL Zitronensaft
frisch gemahlener Pfeffer

- In einem Topf in reichlich Salzwasser die Nudeln in 3–5 Minuten al dente garen. Abgießen und 1 EL Kochflüssigkeit aufbewahren.

- Die Chili entkernen und hacken, die Anchovis abtropfen lassen und würfeln. Alle Zutaten und die Kochflüssigkeit mit den Nudeln mischen, würzen und sofort in tiefen Tellern anrichten.

 Vollkornspaghetti mit Tomaten und Anchovis In einem großen Topf in reichlich Salzwasser 200 g Vollkornspaghetti al dente garen. In der Zwischenzeit 1 Knoblauchzehe hacken, 1 rote Chili entkernen und hacken. 6 Anchovis aus der Dose abtropfen lassen und würfeln, 10 Kirschtomaten halbieren. Knoblauch und Chili zu den Nudeln geben und in 2 Minuten weich dünsten. Spaghetti abgießen und mit 2 EL Kochflüssigkeit wieder in den Topf geben. Sofort mit 3 EL Olivenöl, 1 EL Zitronensaft, den Anchovis und den Kirschtomaten mischen. Mit Salz und frisch gemahlenem Pfeffer gut abschmecken. In Schalen füllen und sofort servieren.

 Vollkornnudeln mit Anchovis aus dem Ofen Den Backofen auf 200 °C vorheizen. In einem Topf in reichlich Salzwasser 200 g Vollkornpenne al dente garen. 2–3 Minuten vor Garende 200 g Brokkoliröschen zugeben. In der Zwischenzeit in einer Pfanne 2 EL Olivenöl erhitzen und 1 fein gehackte Zwiebel darin bei mittlerer Temperatur in 6–7 Minuten weich dünsten. 2 gehackte Knoblauchzehen und 1 entkernte und fein gehackte rote Chili 1–2 Minuten mitdünsten, dann 450 g Tomatensauce aus dem Glas einrühren und alles erhitzen. Nudeln und Brokkoli abgießen, wieder in den Topf füllen, Tomatensauce und 6 abgetropfte, ge-

hackte Anchovisfilets aus der Dose unterrühren. Nach Geschmack würzen, dann das Ganze in eine Auflaufform füllen und mit 75 g gewürfeltem Mozzarella bestreuen. Im Backofen in 15 Minuten backen.

2 Gnocchi mit Thunfisch

Für 4 Personen

500 g Gnocchi
2 Dosen Thunfisch in Öl oder
Lake (je 185 g)
2 Dosen Ratatouille (je 400 g)
125 g geriebener Emmentaler
Butter zum Einfetten

- Den Backofen auf 220 °C vorheizen. In einem großen Topf reichlich Salzwasser aufkochen und die Gnocchi darin garen, bis sie an der Oberfläche schwimmen. Abgießen und wieder in den Topf geben.

- In der Zwischenzeit den Thunfisch abtropfen lassen. In einem weiteren Topf das Ratatouille mit dem Thunfisch erwärmen, dann über die Gnocchi gießen und alles mischen. In eine große gebutterte Auflaufform füllen, mit Emmentaler bestreuen und im Backofen in 15 Minuten backen.

- Auf Tellern anrichten und nach Belieben Brot dazureichen.

---

1 Thunfisch-Käse-Toast

Den Backofen auf mittlerer Stufe vorheizen. 4 große oder 8 kleine Scheiben Roggenbrot toasten. In der Zwischenzeit 1 Ei mit 200 g geriebenem Emmentaler, 2 TL Worcestersauce, 1 TL Senf und 2 EL Milch verquirlen. Mit Salz und frisch gemahlenem Pfeffer würzen. 2 Dosen Thunfisch (je 185 g) abtropfen lassen, zerpflücken und auf den Toasts verteilen. Den Käsebelag daraufgeben und die Toasts im Ofen 3–4 Minuten backen, bis der Käse zerlaufen ist. Nach Belieben einen grünen Salat dazureichen.

3 Blätterteigtasche mit Käse und Thunfisch

Den Backofen auf 200 °C vorheizen. 2 Dosen Thunfisch (je 185 g) abtropfen lassen und zerpflücken. 2 Frühlingszwiebeln hacken. Thunfisch und Zwiebeln mit 100 g geriebenem Emmentaler, 3 EL Mayonnaise, 1 EL Zitronensaft und reichlich Pfeffer gut verrühren. 375 g Blätterteig (TK) in 8 gleich große Rechtecke teilen, die Thunfisch-Käse-Mischung jeweils auf eine Hälfte geben, die Ränder mit etwas verquirltem Ei bestreichen. Die andere Hälfte über die Füllung klappen und die Ränder erst mit den Fingern, dann mit einer Gabel fest zusammendrücken. So 8 Taschen zubereiten. Diese auf ein Backblech legen und im Backofen in ca. 15 Minuten goldgelb backen. Mit Gemüse oder einem frischen Salat servieren.

Bratfisch in Zitronenbutter

Für 2 Personen

75 g Butter
2 weiße Fischfilets (je 175 g)
2 EL gehackte Petersilienblätter
1 TL abgeriebene Schale von
  1 unbehandelten Zitrone
1 EL Zitronensaft
Salz und frisch gemahlener Pfeffer

- In einer Pfanne 25 g Butter zerlassen. Die Fischfilets leicht salzen und pfeffern, dann 4–5 Minuten von jeder Seite goldgelb braten. Herausnehmen und warm halten.

- In der Zwischenzeit in einem Topf die restliche Butter zerlassen, bis sie schäumt. Kräuter, Zitronenschale sowie -saft einrühren und den Topf vom Herd ziehen.

- Die Fischfilets mit Reis oder Kartoffelpüree und Spinat oder Brokkoli auf Tellern anrichten und mit der Zitronenbutter beträufelt servieren.

Hering-Zitronen-Pâté auf Toast 1 Dose Heringsfilets (185 g) abtropfen lassen, klein schneiden und mit 4 EL Frischkäse, 1 EL Zitronensaft, 1 Msp. abgeriebener Schale von 1 unbehandelten Zitrone, 1 EL Schnittlauchröllchen und reichlich frisch gemahlenem Pfeffer in eine Schüssel geben. Mit der Gabel zu einem groben Aufstrich vermischen. 2 dicke Mehrkornbrotscheiben damit bestreichen. Mit Brunnenkresse oder jungen Spinatblättern garnieren und mit Zitronenstücken servieren.

Fischpaket aus dem Ofen Den Backofen auf 180 °C vorheizen. Aus Backpapier und Alufolie jeweils 2 große Kreise zuschneiden. Jeweils 1 Backpapierkreis auf 1 Alufoliekreis legen. In die Mitte jeweils 1 Handvoll Spinatblätter geben, dann je 1 weißes Fischfilet (175 g) darauflegen. Je 25 g gewürfelte Butter daraufsetzen und jedes Filet mit ½ TL abgeriebener Schale von 1 unbehandelten Zitrone, ½ EL gehackten Petersilienblättern sowie Salz und frisch gemahlenem Pfeffer bestreuen. Zum Schluss mit wenig Zitronensaft beträufeln. Die Folie zusammenlegen und fest verschließen. Die Päckchen auf ein Backblech legen und im Backofen in 15–20 Minuten garen. Den Fisch mit zusätzlichem Spinat und neuen Kartoffeln oder Reis servieren. Mit den Garsäften beträufeln.

Kartoffel-Feta-Salat mit Minze

Für 2 Personen

600 g kleine Kartoffeln
1 EL gehackte Minzeblätter
½ kleine rote Zwiebel
1 EL Zitronensaft
100 g Feta
Salz und frisch gemahlener Pfeffer

- Die Kartoffeln schälen und kochen. Die Minze waschen, trocken schütteln und hacken. Die Zwiebeln in feine Scheiben schneiden. Den Feta würfeln.

- Die Kartoffeln halbieren und in eine große Salatschüssel geben. Minze, Zwiebeln und Zitronensaft hinzufügen und die Zutaten mischen. Nach Belieben würzen.

- Den Salat auf 2 Tellern anrichten. Mit Fetawürfeln bestreuen und sofort servieren.

Feta-Omelett mit Minze
Den Backofen auf mittlerer Stufe vorheizen. In einem kleinen Topf 200 g Kartoffeln kochen, abgießen und abkühlen lassen. In der Zwischenzeit in einer Pfanne 1 EL Olivenöl erhitzen. 1 rote Zwiebel in feine Scheiben schneiden und darin bei mittlerer Temperatur in 6–7 Minuten weich dünsten. In einem weiteren Topf in Salzwasser 150 g Erbsen (TK) in 3–4 Minuten garen, abgießen. Die Kartoffeln in Scheiben schneiden und mit den Erbsen, 4 verquirlten Eiern, den Minzeblättern und je 1 Prise Salz und frisch gemahlenem Pfeffer zu den Zwiebeln geben. 4–5 Minuten ohne Rühren stocken lassen, dann mit 100 g zerkrümeltem Feta bestreuen. Das Omelett im Backofen in 3–5 Minuten fest werden lassen. In Stücke schneiden und mit Salatblättern servieren.

Reissalat mit Feta und Minze In einem Topf in Salzwasser 200 g Langkorn-Wildreismischung in 20–25 Minuten gar köcheln, abgießen, kalt abschrecken und gut abtropfen lassen. In der Zwischenzeit die abgeriebene Schale und den Saft von 1 unbehandelten Limette in 1 große Schüssel geben. ½ rote Zwiebel fein hacken, 1 Bund Minze waschen, trocken schütteln und hacken. 50 g entsteinte schwarze Oliven grob hacken. 50 g Feta zerkrümeln und ¼ Salatgurke entkernen und würfeln. Alle Zutaten sowie 2 EL Olivenöl in die Schüssel geben und mischen. Würzen. Auf 2 Tellern anrichten und servieren. Nach Belieben Zitrone dazureichen.

Chorizopizza

Für 2 Personen

150 g Pizzaboden-Teigmischung
150 g Chorizo (würzige spanische
Wurst)
125 g Mozzarella
1 ½ EL Tomatenmark
2 TL Tomatenketchup
1 Prise gerebelter Oregano
2 TL Olivenöl
Salz und frisch gemahlener Pfeffer

- Den Backofen auf mittlerer Stufe vorheizen. Für die Böden den Pizzateig mit 100 ml Wasser vermengen und zu einem glatten Teig kneten. Alternativ nach Packungsangabe vorgehen. Den Teig zu einem Pizzaboden ausrollen (30 cm Durchmesser) und 8–10 Minuten ruhen lassen.

- In der Zwischenzeit aus Tomatenmark, Ketchup und Oregano eine Sauce zubereiten. Chorizo und Mozzarella in Scheiben schneiden. Den Pizzaboden dünn mit Sauce bestreichen und mit Chorizo und Mozzarella belegen. Mit 2 TL Olivenöl beträufeln und würzen.

- Die Pizza im Ofen 20–25 Minuten backen, bis der Käse zerlaufen ist. In „Tortenstücke" schneiden und mit Rucola belegt servieren.

Chorizo-Mozzarella-Tortilla Den Backofen auf mittlerer Stufe vorheizen. Aus 1 ½ EL Tomatenmark, 2 EL Ketchup, 2 EL Olivenöl, 1 Prise gerebeltem Oregano und 1 Prise Salz und etwas frisch gemahlenem Pfeffer eine Pizzasauce zubereiten. Auf 2 Weizen-Tortillas (FP) verstreichen. 150 g Chorizo (würzige spanische Wurst) und 125 g Mozzarella in Scheiben schneiden und die Tortillas damit belegen. Mit 1 TL Olivenöl beträufeln und im Ofen 4–5 Minuten überbacken. In Stücke schneiden und mit reichlich Rucola servieren.

Thunfisch-Paprika-Pizza Den Backofen auf 220 °C vorheizen. Aus 1 ½ EL Tomatenmark, 2 EL Ketchup, 2 EL Olivenöl, 1 Prise gerebeltem Oregano und je 1 Prise Salz und frisch gemahlenem Pfeffer eine Pizzasauce zubereiten. Diese Mischung auf 2 Pizzaböden (TK) verstreichen. 1 Dose Thunfisch (185 g) abtropfen lassen und zerzupfen. 1 grüne Paprika entkernen und in breite Streifen schneiden. Die Pizza damit belegen und dann mit 125 g in Scheiben geschnittenem Mozzarella bedecken. Mit 1 Handvoll Rucola bestreuen und mit 1 TL Olivenöl beträufeln. Im Backofen 8–10 Minuten backen. Mit einem Rucolasalat servieren.

20 Jalapeño-Burger

Für 4 Personen

3 Frühlingszwiebeln
1 kleines Ei
500 g gemischtes Hackfleisch
1 EL fein gehackte Jalapeño-Paprika
2 EL fein gehackte Korianderblättchen
2 EL Pflanzenöl
Salz und frisch gemahlener Pfeffer
Paniermehl für den Teig

- Die Frühlingszwiebeln hacken und das Ei verquirlen. In einer Schüssel das Hackfleisch mit Frühlingszwiebeln, Ei, Jalapeño-Paprika und Koriander mischen. Würzen und die Zutaten verkneten. Ist der Teig sehr feucht, etwas Paniermehl zugeben. Mit angefeuchteten Händen 4 Burger daraus formen.

- In einer beschichteten Pfanne 2 EL Pflanzenöl erhitzen und die Burger darin bei mittlerer Temperatur 4–5 Minuten von jeder Seite braten.

- Die Burger mit Salat und Saucen nach Wahl auf die Unterseite von Ciabattabrötchen geben, den Deckel oben auflegen und sofort servieren.

---

10 Jalapeño-Puten-Sandwich Den Backofen auf hohe Temperatur vorheizen. 4 Ciabattabrötchen aufschneiden und die Schnittflächen mit 150 g scharfer Salsa (nach Belieben) bestreichen. Mit je 75 g Putenbrustaufschnitt belegen. ½ Tomate in Scheiben schneiden, 1 Frühlingszwiebel hacken. Tomate, Zwiebeln und 1 TL klein geschnittene Jalapeño-Paprika auf jedes Brötchen legen. Mit jeweils 2 Scheiben Gouda bedecken. Auf ein Backblech setzen und im Ofen 2–3 Minuten überbacken. Heiß mit Eisbergsalatblättern anrichten.

30 Putenchili mit Jalapeño 1 Zwiebel hacken, 1 rote Paprika entkernen und hacken. 400 g Putenbrustfleisch in dünne Scheiben schneiden. In einer Pfanne 2 EL Pflanzenöl erhitzen und Zwiebeln und Paprika darin in etwa 6 Minuten weich dünsten. Das Fleisch zugeben und 4–5 Minuten mitbraten. Es sollte leicht gebräunt sein. Dann 1 Tüte Chili-con-Carne-Gewürzmischung, 1 Dose Kidneybohnen (400 g), 1 Dose gehackte Tomaten (400 g) und 100 ml Bier hinzufügen. Verrühren, abschmecken und zugedeckt etwa 15 Minuten köcheln lassen. Dabei häufiger umrühren und bei Bedarf weitere Flüssigkeit zugeben. Mit 2 EL gehackter Jalapeño-Chili bestreuen und mit gekochtem Reis servieren.

Veggie-Nudelsalat

Für 2 Personen

100 g Fadennudeln
75 g Bohnensprossen
1 Karotte
75 g junge Spinatblätter
½ kleine rote Zwiebel
Salz und frisch gemahlener Pfeffer

Für das Dressing
1 EL Pflanzenöl
1 EL Sojasauce
1 EL Zitronensaft

- Die Nudeln in eine große Schüssel füllen und mit kochendem Wasser bedecken. 3–4 Minuten ziehen lassen. In ein Sieb geben, kalt abschrecken, gut abtropfen lassen und dann wieder in die Schüssel füllen.

- Während die Nudeln garen, die Zutaten für das Dressing verrühren, zu den Nudeln geben. Die Karotte putzen und reiben, die Zwiebeln in feine Ringe schneiden. Mit den gewaschenen Spinatblättern in die Schüssel füllen und alles gut mischen, abschmecken.

- In Schüsseln anrichten und sofort mit gehackten Erdnüssen bestreut servieren.

Vegetarische Nudeln aus dem Wok 1 Zwiebel in Scheiben schneiden, 1 rote Paprika entkernen und in Scheiben schneiden. 1 Karotte putzen und in Stifte schneiden. In einer hohen Pfanne 2 EL Pflanzenöl erhitzen. Zwiebeln und Paprika darin unter Rühren 2–3 Minuten braten. Die Karotte zugeben und das Ganze weitere 2–3 Minuten unter Rühren braten. 100 g Bohnensprossen 1 Minute einrühren, dann 300 g Fadennudeln darin erhitzen. Zum Schluss 200 g der Lieblingssauce unterrühren, würzen und das Ganze nochmals erhitzen. In 2 vorgewärmten tiefen Tellern anrichten und sofort mit 1 EL zerkleinerten gerösteten Erdnüssen bestreut servieren.

Vegetarische Nudelsuppe In einem Topf 2 EL Pflanzenöl erhitzen. 1 in Scheiben geschnittene Zwiebel und 1 entkernte, in Scheiben geschnittene rote Paprika darin bei mittlerer Temperatur 7–8 Minuten braten. 150 g klein geschnittene Pilze und 2 gehackte Knoblauchzehen zugeben und alles weitere 3–4 Minuten unter Rühren braten. 500 ml Gemüsebrühe, 2 EL Sojasauce und 1 Sternanis in den Topf geben. Aufkochen und bei schwacher Hitze zugedeckt 4–5 Minuten köcheln lassen, sodass sich die Aromen entfalten können. 150 g mittelgroße Eiernudeln hinzufügen, den Topf vom Herd nehmen und die Nudeln in 6–7 Minuten garziehen lassen. Sternanis aus der Suppe nehmen und diese in 2 tiefen Tellern anrichten.

1 Chilipasta mit Erbsen

Für 2 Personen

3 EL Olivenöl
½ –1 rote Chili
2 Knoblauchzehen
400 g Fusilli
1 Dose Erbsen (200 g)
Salz und frisch gemahlener Pfeffer

- Die Chili entkernen und fein schneiden, den Knoblauch hacken. In einem kleinen Topf 3 EL Olivenöl erhitzen. Chili und Knoblauch darin bei schwacher Temperatur in 2 Minuten weich dünsten ohne zu bräunen. Beiseitestellen.

- In einem weiteren Topf in reichlich Salzwasser die Nudeln al dente garen. Abgießen und wieder in den Topf geben. 2 EL Kochflüssigkeit aufbewahren.

- Chiliöl, Erbsen und Kochflüssigkeit zu den Nudeln geben und die Zutaten gut mischen, abschmecken. Zum Servieren in zwei vorgewärmte Schalen füllen und nach Belieben mit geriebenem Parmesan bestreut servieren.

2 Erbsen-Chili-Suppe

1 große Zwiebel fein hacken. In einem Topf 2 EL Pflanzenöl erhitzen und die Zwiebeln 6–7 Minuten darin dünsten. ½ –1 rote Chili und 1 Knoblauchzehe hacken. Mit 1 EL Currypaste zu den Zwiebeln geben und alles weitere 2–3 Minuten dünsten. Mit 600 ml Gemüsebrühe ablöschen und das Ganze aufkochen. 1 Dose Erbsen (400 g) mit in den Topf geben und in 3–4 Minuten weich garen, dann den Topf vom Herd nehmen. Mit einem Pürierstab zu einer cremigen Suppe verarbeiten. Alternativ 200 g übrig gebliebenen Couscous oder Reis mit den Erbsen einrühren und eine stückige Suppe servieren. Würzen und mit Chiliöl beträufelt servieren.

3 Kichererbsen-Chili-Curry

100 g getrocknete rote Linsen abspülen. In einem Topf in leicht gesalzenem Wasser in ca. 12–15 Minuten gar köcheln. Die Linsen sollten nicht zerfallen, abgießen. In der Zwischenzeit in einer großen Pfanne 2 EL Pflanzenöl erhitzen und 1 große fein gehackte Zwiebel bei mittlerer Temperatur darin in 7–8 Minuten weich dünsten. 1 klein geschnittene Knoblauchzehe und 1 entkernte, gehackte grüne Chili zur Zwiebel geben und 2 Minuten mitdünsten. Die Chili sollte weich, aber nicht gebräunt sein. 3 EL Currypaste einrühren und 1 Minute köcheln. Mit 125 ml Wasser und 100 g Sahne ablöschen und alles aufkochen lassen. 100 g Erbsen und 200 g Kichererbsen aus der Dose abspülen und abtropfen lassen. In die Pfanne geben und alles weitere 4 Minuten garen. Zum Schluss die Linsen darin 2–3 Minuten erhitzen, abschmecken. Das eingedickte Curry mit Naanbrot oder Papadam servieren.

30 Schweinefleisch süß-sauer

Für 4 Personen

350 g Schweinefleisch
1 große Zwiebel
1 rote oder gelbe Paprika
3 EL Pflanzenöl
8 EL Tomatenketchup
3 EL brauner Zucker
1 Dose Ananasstücke im Saft (225 g)
3 EL Essig
1 EL helle Sojasauce
Salz und frisch gemahlener Pfeffer

- Das Fleisch und die Zwiebeln in mundgerechte Stücke schneiden. Die Paprika entkernen und ebenfalls in mundgerechte Stücke schneiden.

- In einer großen Pfanne 3 EL Pflanzenöl erhitzen und das Schweinefleisch darin bei mittlerer Temperatur in 5–6 Minuten von allen Seiten braun anbraten. Zwiebeln und Paprika zugeben und alles weitere 6–7 Minuten braten, bis das Gemüse schon etwas weich geworden ist. Ketchup, Zucker, Ananas und Saft, Essig und Sojasauce hinzufügen und unter häufigem Rühren aufkochen lassen.

- Bei schwacher Hitze etwa 10–12 Minuten köcheln lassen, bis die Sauce sämig und das Fleisch gar ist, abschmecken. Mit gekochtem Reis servieren.

1 **Nudeln mit Schweinefleisch süß-sauer** In einem großen Topf in reichlich Salzwasser 400 g Eiernudeln al dente garen und abgießen. In der Zwischenzeit 350 g Schweinefleisch in Streifen, 4 Frühlingszwiebeln in 2,5 cm lange Stücke schneiden. 100 g Zuckerschoten klein schneiden. In einer hohen Pfanne 2 EL Öl erhitzen und das Fleisch darin bei großer Hitze 2 Minuten scharf anbraten. Das Gemüse zugeben und 2 Minuten unter Rühren braten. 400 g süß-saure Sauce aus dem Glas einrühren und das Ganze unter Rühren 3–4 Minuten köcheln, bis das Fleisch gar ist. Nach Belieben würzen, mit den Nudeln mischen und servieren.

2 **Chili-Hack-Pfanne** 450 g Udonnudeln oder dicke Reisnudeln (aus dem Asiahandel) nach Packungsangabe garen, beiseitestellen. 2 Knoblauchzehen hacken. In einer Pfanne 3 EL Pflanzenöl erhitzen. Knoblauch und 1 EL geriebenen Ingwer darin in 1–2 Minuten weich braten. 350 Schweinehack zugeben und unter Rühren in 6–7 Minuten krümelig braten. Je 100 g halbierte Babymaiskolben und Zuckerschoten hinzufügen und weitere 2–3 Minuten mitbraten. 5 EL süße Chilisauce und 2 EL helle Sojasauce in die Mischung einrühren. Etwa 2 Minuten erhitzen, dann mit den Nudeln in Schalen angerichtet servieren.

Spaghettini mit Knoblauch und Olivenöl

Für 2 Personen

200 g Spaghettini
2 Knoblauchzehen
3 EL Olivenöl
2 EL Zitronensaft
frisch gemahlener Pfeffer

- In einem Topf in reichlich Salzwasser die Spaghettini al dente garen. Abgießen und wieder in den Topf geben. 3 EL Kochflüssigkeit aufbewahren.

- In der Zwischenzeit die Knoblauchzehen hacken. In einer Pfanne 3 EL Olivenöl erhitzen und darin den Knoblauch in 2–3 Minuten weich dünsten, aber nicht bräunen. Über die Spaghettini gießen, die Kochflüssigkeit und den Zitronensaft ebenfalls zugeben. Mit Pfeffer würzen.

- Alle Zutaten gut mischen, mit geriebenem Parmesan bestreuen und in tiefen Tellern angerichtet servieren.

Knoblauch-Spaghetti-Carbonara In einem Topf in reichlich Salzwasser 200 g Spaghetti al dente garen. In der Zwischenzeit 150 g Speck würfeln und 2 Knoblauchzehen hacken. In einer Pfanne 2 EL Öl erhitzen und den Speck darin bei mittlerer Temperatur 4–5 Minuten braten. Knoblauch zugeben und 1 Minute mitbraten. Beiseitestellen. 1 großes Ei und 1 Eigelb mit 4 EL Sahne, 1 guten Prise frisch gemahlenem Pfeffer und 3 EL geriebenem Parmesan verrühren. Die Spaghetti abgießen, mit Speck und Knoblauch wieder in den Topf geben und die Eimischung bei schwacher Hitze 1 Minute einrühren. Mit zusätzlichem Parmesan servieren.

Knoblauch-Käse-Makkaroni Den Backofen auf 220 °C vorheizen. In einem Topf in reichlich Salzwasser 200 g Makkaroni al dente garen. In der Zwischenzeit in einem weiteren Topf 25 g Mehl, 25 g Butter und 250 ml Milch unter ständigem Rühren erhitzen, bis das Ganze eindickt. 2 Minuten sanft köcheln lassen, dann den Topf vom Herd nehmen und 75 g geriebenen Emmentaler einrühren. 200 g Speck würfeln und 2 Knoblauchzehen hacken. In einer Pfanne 2 EL Olivenöl erhitzen und den Speck darin etwa 4–5 Minuten braten, den Knoblauch 1 Minute mitbraten. Den Knoblauch-Speck in die Käsesauce geben, nach Belieben würzen. Die Makkaroni abgießen und in die Käsesauce rühren. Das Ganze in eine Auflaufform füllen, mit 75 g geriebenem Emmentaler bestreuen und im Backofen etwa 15 Minuten backen. Mit einem frischen Salat servieren.

Bohnen-Chorizo-Eintopf

Für 4 Personen

250 g Chorizo (würzige spanische
Wurst)

1 Zwiebel

1 rote Paprika

2 Knoblauchzehen

2 EL Olivenöl

2 Dosen weiße Bohnen (je 400 g)

2 Dosen gehackte Tomaten (je 400 g)

1 TL gerebelter Oregano

2 EL gehackte Petersilienblätter zzgl.
etwas zum Bestreuen

Salz und frisch gemahlener Pfeffer

• Die Chorizo würfeln, die Zwiebeln in dicke Scheiben schneiden. Die Paprika entkernen und in breite Streifen schneiden, die Knoblauchzehen hacken. In einem großen Topf 2 EL Olivenöl erhitzen und Chorizo, Zwiebeln, Paprika und Knoblauch in etwa 10 Minuten darin weich dünsten.

• Die Bohnen abspülen und abtropfen lassen. Mit Tomaten und Kräutern in den Topf geben und das Ganze zugedeckt 15–18 Minuten köcheln lassen, bis der Eintopf eine sämige Konsistenz hat.

• Nach Geschmack würzen, dann in Schüsseln füllen und nach Belieben mit gehackter Petersilie bestreut servieren.

Chorizotopf mit Baked Beans 1 Zwiebel fein hacken, 100 g Chorizo (würzige spanische Wurst) in Scheiben schneiden. In einem großen Topf 2 EL Olivenöl erhitzen und die Zwiebeln darin in etwa 7–8 Minuten weich dünsten. Die Wurst in der letzten Minute einrühren. 2 Dosen Baked Beans in Tomatensauce (je 400 g) zugeben und 1–2 Minuten erhitzen, abschmecken. In tiefen Tellern anrichten und dazu heißen Buttertoast reichen.

Penne mit Bohnen und Chorizo 1 rote Zwiebel fein hacken und 200 g Chorizo (würzige spanische Wurst) würfeln. In einer Pfanne 2 EL Olivenöl erhitzen. Zwiebeln und Wurst darin bei mittlerer Temperatur 7–8 Minuten dünsten, bis die Zwiebeln weich sind. 2 gehackte Knoblauchzehen in den letzten 2 Minuten einrühren. 500 g passierte Tomaten aus dem Glas mit 1 TL gerebeltem Oregano und je 1 Prise Salz, Zucker und frisch ge- mahlenem Pfeffer in den Topf geben. Zugedeckt in 10 Minuten eindicken lassen. 1 Glas Dicke Bohnen (300 g) abspülen, abtropfen lassen und in den letzten 3–4 Minuten darin miterhitzen. In der Zwischenzeit in einem Topf in reichlich Salzwasser 400 g Penne al dente garen. Abgießen und auf 4 tiefe Tellern verteilen. Die warme Chorizosauce daraufgeben.

Zwiebel-Rindfleisch-Wrap

Für 4 Personen

350 g Rindfleisch
1 rote Zwiebel
1 rote Paprika
2 EL Pflanzenöl
30 g mexikanische Gewürzmischung,
    zum Beispiel Fajita-Würzmischung
4 kleine Weizen-Tortillas (FP)
Salz und frisch gemahlener Pfeffer

Für die Füllung
Salsa zum Beträufeln
geriebener Emmentaler zum
    Bestreuen
zerkleinerte Eisbergsalatblätter zum
    Garnieren

- Das Rindfleisch in Streifen, die Zwiebeln in feine Scheiben schneiden. Die Paprika entkernen und in schmale Streifen schneiden.

- In einer großen Pfanne 2 EL Pflanzenöl erhitzen und das Fleisch darin bei hoher Temperatur 2–3 Minuten scharf anbraten. Zwiebeln und Paprika zugeben und unter Rühren 2–3 Minuten mitbraten. Das Fleisch sollte dann gar, aber innen noch leicht rosafarben sein. Die Gewürzmischung darüberstreuen und 1 Minute mitbraten. Mit Salz und Pfeffer würzen.

- Das Ganze auf die Tortillas verteilen und dann mit den Zutaten für die Füllung anrichten. Jede Tortilla leicht einrollen und zum Servieren schräg durchschneiden.

Hack-Zwiebel-Burger In einer Pfanne 2 EL Olivenöl erhitzen und 2 in Scheiben geschnittene Zwiebeln zugeben. Bei mittlerer Temperatur in 15–18 Minuten kross braten. Auf Küchenpapier abtropfen lassen. In der Zwischenzeit 500 g Rinderhack mit 1 TL gerebeltem Oregano, 1 zerdrückten Knoblauchzehe, Salz und frisch gemahlenem Pfeffer mischen. 1 kleines Ei unterarbeiten, dann mit den Händen 4 Burger formen. In einer Pfanne 2 EL Öl erhitzen und die Burger darin von jeder Seite 3–5 Minuten braten. Burgerbrötchen aufschneiden und mit Zwiebeln und Burgern füllen. Zusätzlich mit Käse oder Mixed Pickles, Eisbergsalat, Salsa oder Senf füllen.

Rindfleischeintopf mit Zwiebeln 350 g Rindfleisch in Streifen schneiden. In einer beschichteten Pfanne 2 EL Olivenöl erhitzen und das Fleisch darin bei mittlerer Temperatur in 2–3 Minuten bräunen. Mit einem Schaumlöffel herausnehmen und beiseitestellen. Bei reduzierter Temperatur 1 große in Scheiben geschnittene Zwiebel und 2 gehackte Knoblauchzehen in die Pfanne geben und etwa 6 Minuten braten, bis sie leicht Farbe angenommen haben. 1 EL Mehl und 1 EL Paprikapulver 1 Minute lang einrühren, dann 1 Dose gehackte Tomaten (400 g), 1 EL Tomatenmark und 300 ml Rinderbrühe zugeben. Alles aufkochen und 15–17 Minuten köcheln lassen, bis das Ganze eingedickt ist, abschmecken. Das Fleisch wieder zugeben und alles erhitzen. Mit 4 EL Sahne anreichern, dann mit gekochtem Reis und mit gehackten Petersilienblättern bestreut servieren.

QuickStudent

Mit Freunden essen

Rezepte nach Zubereitungszeit

3🕐

2🕐

10

Teriyaki-Lachs-Nudeln

Für 4 Personen

400 g asiatische Eiernudeln
3 EL Pflanzenöl
3 Frühlingszwiebeln
2,5 cm Ingwer
250 g Teriyakisauce (aus dem
Asiahandel)
360 g gegartes Lachsfleisch ohne
Haut und Gräten
Salz und frisch gemahlener Pfeffer

- In einem Topf in reichlich Salzwasser die Nudeln al dente garen. Abgießen und mit 1 EL Pflanzenöl mischen, damit sie nicht zusammenkleben.

- In der Zwischenzeit 2 Frühlingszwiebeln in dicke Scheiben schneiden. Den Ingwer schälen und in dünne Stifte schneiden. In einer großen Pfanne 2 EL Öl erhitzen und Frühlingszwiebeln und Ingwer bei mittlerer Temperatur in 2–3 Minuten weich dünsten und leicht bräunen. Nudeln und Teriyakisauce zugeben und alle Zutaten gut miteinander mischen, abschmecken.

- Den Lachs auf die gewürzten Nudeln legen und 1–2 Minuten erhitzen. In Schalen anrichten und nach Belieben mit fein geschnittenen Frühlingszwiebeln bestreut servieren.

Teriyaki-Lachs-Spieße Den Backofengrill auf mittlerer Stufe vorheizen. 400 g Lachsfilet in mundgerechte Würfel schneiden und in einer Schüssel mit 4 EL Teriyakisauce mischen. Den Fisch im Kühlschrank 5–10 Minuten marinieren und nach Belieben würzen. Dann auf 4 große oder 8 kleine Metallspieße stecken. Etwa 8 Minuten grillen, dabei einmal wenden. Der Fisch sollte nicht zu trocken werden. Alternativ die Spieße in einer Pfanne braten. Die fertig gegarten Spieße nach Belieben auf einem Bett aus Reis oder Nudeln und pfannengerührtem Gemüse servieren.

Teriyaki-Lachs aus dem Ofen Den Backofen auf 190 °C vorheizen. 4 Lachsfilets ohne Haut und Gräten in eine flache Auflaufform legen und jedes Filet mit 1 EL Teriyakisauce beträufeln, würzen. Die Marinade in die Filets reiben und diese 10 Minuten im Kühlschrank marinieren. Im Backofen 12–15 Minuten garen. Der Fisch sollte im Innern noch leicht rosafarben sein. 2–3 Minuten ruhen lassen. In der Zwischenzeit in einem Topf in reichlich Salzwasser 400 g asiatische Nudeln al dente garen. Abgießen und mit 1 EL Pflanzenöl mischen, damit sie nicht zusammenkleben.

2 Frühlingszwiebeln in dicke Scheiben schneiden. 2,5 cm Ingwer schälen und in dünne Stifte schneiden. In einer großen Pfanne 1 EL Pflanzenöl erhitzen und Frühlingszwiebeln und Ingwer bei mittlerer Temperatur darin in 2–3 Minuten weich dünsten und leicht bräunen. Die Nudeln mit den gedünsteten Frühlingszwiebeln und dem Ingwer mischen und noch einmal vorsichtig erhitzen, würzen. In vorgewärmten Schalen mit dem Lachs servieren. Mit den Bratensäften beträufeln.

30 Tomaten-Basilikum-Suppe

Für 4 Personen

1 große Zwiebel

2 Knoblauchzehen

2 EL Olivenöl

1 Dose Kichererbsen (400 g)

500 g Passata (passierte Tomaten)
aus dem Glas

500 ml Gemüsebrühe

1 Bund Basilikum

Salz und frisch gemahlener Pfeffer

- Die Zwiebeln und die Knoblauchzehen hacken. In einem großen Topf 2 EL Olivenöl erhitzen und die Zwiebeln bei mittlerer Temperatur darin in 7–8 Minuten weich dünsten. Den Knoblauch zugeben und in weiteren 2 Minuten weich braten.

- Die Kichererbsen abspülen und abtropfen lassen. Mit Passata und Brühe in den Topf geben, alles aufkochen und 15 Minuten sanft köcheln lassen, bis das Ganze eine sämige Konsistenz hat.

- Basilikum waschen, trocken schütteln und die Blätter grob hacken, zuvor einige Blätter für die Garnitur beiseitelegen. Die gehackten Blätter in den Topf geben und das Ganze mit Salz und Pfeffer würzen. Mit dem Pürierstab zu einer sämigen, glatten Suppe verarbeiten. Ist die Konsistenz zu dick, etwas Wasser zugießen. Wer keinen Pürierstab hat, serviert die Suppe stückig.

- Die Suppe in vorgewärmte Becher füllen und mit dem restlichen Basilikum bestreut servieren.

---

1 Tomaten-Basilikum-Bruschetta

8 Tomaten würfeln, 1 Bund Basilikum waschen, trocken schütteln und fein hacken, 1 rote Zwiebel fein hacken. Alles mit 2 EL Olivenöl und 2 TL Rotweinessig in eine Schüssel geben. Gut würzen und vermischen. 8 Scheiben Bauernbrot toasten, dann jeweils eine Seite mit ½ Knoblauchzehe einreiben. Die Toasts mit Rucolablättern auf Tellern anrichten, mit dem Tomaten-Basilikum-Pesto bestreichen und sofort servieren.

2 Tomaten-Basilikum-Spaghetti

1 Zwiebel fein hacken. In einem großen Topf 2 EL Pflanzenöl erhitzen und die Zwiebeln darin bei mittlerer Temperatur in 7–8 Minuten weich dünsten. 500 g Basilikum-Passata (passierte Tomaten) aus dem Glas mit je 1 Prise Zucker, Salz und frisch gemahlenem Pfeffer in den Topf geben und alles zum Kochen bringen. Bei schwacher Hitze anschließend in 8–10 Minuten etwas einkochen lassen. In der Zwischenzeit in einem Topf in reichlich Salzwasser 400 g Spaghetti al dente garen, abgießen. 1 Bund Basilikum waschen, trocken schütteln und die Blätter fein hacken. Mit der Tomatensauce vermischen und diese im Topf mit der Pasta verrühren, gut abschmecken. In 4 vorgewärmten Schalen mit geriebenem Parmesan bestreut servieren.

30 Mexikanischer Chiliburger

Für 4 Personen

1 Zwiebel
1 rote Paprika
4 EL Pflanzenöl
40 g mexikanische Gewürzmischung
1 TL gerebelter Oregano
400 g Rinderhack
4 Burgerbrötchen
Salz und frisch gemahlener Pfeffer
etwas Paniermehl

- Die Zwiebeln fein hacken, die Paprika entkernen und fein hacken. In einer Pfanne 2 EL vom Pflanzenöl erhitzen und Zwiebeln und Paprika darin bei mittlerer Temperatur in 10 Minuten weich dünsten. In eine große Schüssel geben und 2–3 Minuten abkühlen lassen, dann die restlichen Zutaten außer den Brötchen zugeben. Mit feuchten Händen gut vermengen, würzen, dann aus der Mischung 4 Burger formen. Ist die Mischung zu feucht, etwas Paniermehl unterarbeiten.

- Die Pfanne wieder auf den Herd stellen und 2 EL Pflanzenöl erhitzen. Die Burger bei mittlerer Temperatur darin 4–5 Minuten von jeder Seite saftig braten.

- Die Chiliburger in den Burgerbrötchen servieren. Nach Belieben mit geriebenem Käse, scharfer Salsa und zerkleinertem Eisbergsalat servieren.

1 Mexikanische Tostada

Eine Pfanne erhitzen und nach und nach 4 weiche Weizen-Tortillas (FP) darin von jeder Seite 1 Minute erhitzen. In der Zwischenzeit 1 Dose Kidneybohnen (400 g) abspülen und abtropfen lassen. 1 kleine rote Zwiebel fein hacken, 1 rote oder gelbe Paprika entkernen und fein hacken. 1 Avocado schälen, entkernen und würfeln. 1 Bund Koriander waschen, trocken schütteln und hacken. Alle Zutaten mischen, 2 EL Olivenöl und 1 EL Limettensaft darüberträufeln und abschmecken. Auf jede Tortilla einige zerkleinerte Eisbergsalatblätter legen, dann jeweils ein Viertel der Bohnenmischung daraufgeben. Mit geriebenem Emmentaler, scharfer Salsa und Schmand servieren.

2 Rindfleisch-Fajitas

350 g Rindfleisch in Streifen schneiden und in einer Schüssel mit 40 g Fajita-Gewürzmischung vermengen, beiseitestellen. 1 Zwiebel in Scheiben schneiden, 1 rote Paprika entkernen und in Streifen schneiden. In einer großen Pfanne 2 EL Pflanzenöl erhitzen und Zwiebeln und Paprika bei hoher Temperatur darin unter gelegentlichem Rühren in 3–4 Minuten weich braten. In eine Schüssel füllen und die Pfanne wieder auf den Herd stellen. 2 EL Pflanzenöl erhitzen und die Fleischstreifen 3–4 Minuten darin bräunen. Das Gemüse zugeben und 1 Minute richtig heiß werden lassen, abschmecken. Das mexikanische Rindfleisch mit warmen Weizen-Tortillas (FP) und weiterer Füllung nach Belieben (geriebener Käse, zerkleinerte Eisbergsalatblätter, Jalapeño-Scheiben, scharfe Salsa, Schmand) servieren.

30 Lammkebab mit Couscous

Für 4 Personen

300 g Lammfleisch
2 Knoblauchzehen
1 TL gemahlener Kreuzkümmel
1 TL gemahlener Koriander
2 EL fein gehackte Minzeblätter
2 EL Olivenöl
1 große Zwiebel
1 große grüne Paprika
2 Tomaten
Salz und frisch gemahlener Pfeffer

- Das Lammfleisch in mundgerechte Würfel schneiden, den Knoblauch zerdrücken. Lamm mit Gewürzen, Minzeblättern und 1 EL vom Olivenöl in einer Schüssel gut vermengen, damit das Fleisch mit den Gewürzen überzogen wird. Im Kühlschrank mindestens 15 Minuten marinieren.

- Den Backofengrill auf höchster Stufe erhitzen. Die Zwiebeln in mundgerechte Stücke schneiden, die Paprika entkernen und ebenfalls in mundgerechte Stücke schneiden. Die Tomaten jeweils in 6 Stücke teilen.

- Das Lammfleisch im Wechsel mit Zwiebeln, Paprika und Tomate auf 4 lange Metallspieße stecken. Diese auf ein mit Alufolie bedecktes Blech legen, würzen und mit 1 EL Öl beträufeln. Unter dem Grill 7–10 Minuten garen. Ab und zu wenden. Das Gemüse darf leicht angebrannt sein. Alternativ die Zutaten auf kurze Spieße ziehen und in der Pfanne braten.

- Die Kebabs mit Couscous und nach Belieben mit Knoblauchsauce oder Tsatsiki servieren.

---

1 **Lammleber mit Couscous** In einer Schüssel 350 g Lammleber mit je 1 TL gemahlenem Kreuzkümmel und Koriander, ¼ TL gemahlenem Zimt, ½ TL frisch gemahlenem Pfeffer und ¼ TL Cayennepfeffer mischen. 1 EL Olivenöl darüberträufeln und alles gut vermengen. In einer großen beschichteten Pfanne 1 EL Olivenöl erhitzen und die Leber in 3–4 Minuten darin bräunen. Sie soll gar, aber noch saftig sein. Die Leber auf gedämpftem Couscous servieren. Dazu Eisbergsalat oder Rotkohl und einen Klecks Knoblauchsauce reichen. Mit den Bratensäften beträufeln.

2 **Lammburger mit Couscous** In einer Schüssel 400 g Lammhack vom Metzger mit je 1 TL gemahlenem Kreuzkümmel und Koriander, ¼ TL gemahlenem Zimt, ½ TL gerebelter Minze, 1 TL Zwiebelpulver und 2 zerdrückten Knoblauchzehen vermengen. Aus der Mischung 4 Burger formen. In einer Pfanne 2 EL Olivenöl erhitzen und darin die Burger von jeder Seite 4–5 Minuten braten. Sie sollten noch saftig sein. Mit Couscous und Krautsalat servieren.

3 Curry-Fischfrikadellen mit Dip

Für 4 Personen

500 g grätenfreies Fischfilet (Lachs,
  Kabeljau oder Seelachs)
1 Bund Koriander
1–2 EL rote Currypaste
1 EL Limettensaft
2 Frühlingszwiebeln
1 Eiweiß
4 EL Pflanzenöl
Salz und frisch gemahlener Pfeffer
etwas Paniermehl

- Den Fisch in Stücke schneiden und in einer Küchenmaschine pürieren. Alternativ den Fisch sehr fein hacken. Den Koriander waschen, trocken schütteln und sehr fein hacken. Die Frühlingszwiebeln in feine Scheiben schneiden. Das Eiweiß verquirlen.

- Den Fisch in einer Schüssel mit Currypaste, Limettensaft, Koriander, Frühlingszwiebeln und Eiweiß zu einer homogenen Mischung verarbeiten. Würzen. Mit feuchten Händen daraus 16 kleine Frikadellen formen. Ist der Teig zu feucht, etwas Paniermehl zugeben. Die Frikadellen auf einen großen Teller legen, mit Frischhaltefolie abdecken und 20 Minuten in den Kühlschrank stellen.

- In einer Pfanne 4 EL Pflanzenöl erhitzen und die Fischfrikadellen darin von jeder Seite in etwa 2 Minuten braten. Auf Küchenpapier abtropfen lassen und mit süßer Chilisauce zum Dippen servieren.

---

1 **Garnelencurry** 3 Frühlingszwiebeln klein schneiden und 2 Knoblauchzehen hacken. In einer Pfanne 2 EL Pflanzenöl erhitzen und Zwiebeln und Knoblauch darin 2–3 Minuten braten. 500 g Currysauce aus dem Glas einrühren und alles aufkochen. 400 g geschälte rohe Garnelen zugeben, in 2–3 Minuten rosafarben garen. Abschmecken und in Schalen auf gekochtem Reis und mit Korianderblättchen bestreut servieren.

2 **Thai-Fischcurry** In einer Pfanne 2 EL Pflanzenöl erhitzen und 1 EL rote Thai-Currypaste 1 Minute einrühren, dann 400 ml Kokosmilch und 300 ml Hühnerbrühe zugießen und alles aufkochen lassen. 8–10 Minuten sanft köcheln, damit sich die Aromen entfalten können. 400 g weißes Fischfilet in mundgerechte Stücke schneiden und zugeben. 3–4 Minuten erhitzen, bis der Fisch gar ist, dann 1 EL Fischsauce oder Limettensaft unterrühren. Das Ganze auf Reis mit Korianderblättchen bestreut servieren.

30 Paprika-Pilz-Stroganoff

Für 4 Personen

1 Zwiebel
1 große grüne Paprika
500 g Pilze
50 g Butter
2 EL Olivenöl
2 TL Paprikapulver
1 EL Weizenmehl
300 ml Gemüsebrühe
150 g Sauerrahm
2 EL gehackte Petersilienblätter
Salz und frisch gemahlener Pfeffer

- Die Zwiebeln in Scheiben schneiden, die Paprika entkernen und in Streifen schneiden. Die Pilze putzen und halbieren oder in Scheiben schneiden. In einer großen Pfanne die Butter und 2 EL Olivenöl erhitzen. Zwiebeln und Paprika bei mittlerer Temperatur 7–8 Minuten darin dünsten. Die Pilze hinzufügen und unter gelegentlichem Rühren in 5–6 Minuten weich dünsten und leicht bräunen. Dann etwa 1 Minute lang Paprikapulver und Mehl einrühren.

- Die Brühe zugießen und alles aufkochen lassen. Würzen und bei schwacher Hitze in 8–10 Minuten leicht eindicken lassen.

- Die Pfanne vom Herd nehmen, Sauerrahm und Petersilie unterrühren. Sofort auf Tagliatelle oder Reis servieren.

---

1 Baguettepizza mit Pilzen und Paprika Den Backofen auf mittlerer Stufe vorheizen. 1 kleines Baguette halbieren und längs durchschneiden. Das Brot mit der Schnittfläche nach oben auf ein Backblech legen und mit Pizzasauce aus dem Glas bestreichen. Die Baguettestücke mit insgesamt 150 g geputzten und fein geschnittenen Pilzen und 1 in feine Streifen geschnittenen roten oder grünen Paprika belegen. Nach Belieben würzen. Jeweils 1 Handvoll geriebenen Mozzarella darüberstreuen. Im Backofen 5–6 Minuten backen. Heiß mit einem grünen Salat servieren.

2 Tortillatasche mit Paprika und Pilzen 4 große, weiche Weizen-Tortillas (FP) mit je 2 EL Pizzasauce aus dem Glas bestreichen. Die Tortillas mit je 1 in feine Streifen geschnittenen roten und grünen Paprika, 150 g geputzten und klein geschnittenen Pilzen, 125 g gewürfeltem Mozzarella und 125 g grob geriebenem Emmentaler bestreuen. Nach Belieben würzen. Jede Tortilla zusammenklappen. In einer großen Pfanne 1 TL Olivenöl erhitzen und jeweils 2 Taschen darin 5 Minuten erhitzen, bis der Käse geschmolzen ist. Zwischendurch einmal wenden. Mit den anderen beiden Taschen ebenso verfahren. Die Tortillataschen auf vorgewärmten Tellern anrichten und mit reichlich grünem Salat servieren.

30 Pestohähnchen mit Bacon

Für 4 Personen

4 Hähnchenbrüste ohne Haut
3 EL rotes oder grünes Pesto
125 g Mozzarella
2 Tomaten
50 g junge Spinatblätter
8 Scheiben Pancetta
8 Scheiben durchwachsener Speck
Salz und frisch gemahlener Pfeffer
Olivenöl zum Beträufeln

- Den Backofen auf 200 °C vorheizen. Die Hähnchenbrüste längs aufschneiden und auseinanderklappen. Beide Schnittflächen mit Pesto bestreichen. Den Mozzarella und die Tomaten in Scheiben schneiden, den Spinat waschen. Die Hähnchenbrüste damit füllen und würzen. Jede Hähnchenbrust in jeweils 2 Scheiben Pancetta und Speck wickeln, mit Olivenöl beträufeln und nebeneinander in eine Auflaufform legen.

- Im vorgeheizten Backofen in 20–25 Minuten garen. Mit einem spitzen Messer ins Fleisch stechen: Sind die austretenden Säfte klar, ist das Fleisch fertig gebraten.

- Mit neuen Kartoffeln und grünem Gemüse oder mit Tagliatelle und Tomatensauce servieren.

 Nudelsalat mit knusprigem Speck 8 Scheiben durchwachsenen Speck oder Pancetta hacken. In einer Pfanne 4 EL Olivenöl erhitzen und den Speck darin in 5–6 Minuten knusprig braten. Auf Küchenpapier abtropfen lassen. In der Zwischenzeit in einem Topf in reichlich Salzwasser 400 g Nudeln al dente garen. Abgießen und kalt abschrecken. 3 EL rotes oder grünes Pesto mit 3 EL Crème fraîche und 1 EL Zitronensaft verrühren. 12 Kirschtomaten halbieren und zusammen mit der Pestosauce unter die Nudeln mischen. Gut abschmecken und mit dem knusprigen Speck bestreut sofort servieren.

 Vollkornspaghetti mit Spinat und Speck In einem Topf in reichlich Salzwasser 400 g Vollkornspaghetti al dente garen. In der Zwischenzeit in einer großen Pfanne 4 EL Olivenöl erhitzen und 8 gehackte Scheiben durchwachsenen Speck darin bei mittlerer Temperatur in 4–5 Minuten braten. 2 EL Pinienkerne und 2 gehackte Knoblauchzehen zugeben und alles weitere 2 Minuten braten. Dabei häufig umrühren. 200 g gewaschene Spinatblätter und 1 EL Zitronensaft hinzufügen und 2–3 Minuten einrühren, bis der Spinat etwas zusammengefallen ist. 1 Handvoll grob gehackte Basilikumblätter zugeben und die Pfanne vom Herd nehmen. Die Spaghetti abgießen, 2 EL Kochflüssigkeit auffangen, beides wieder in den Topf geben. Die Spinat-Speck-Mischung sowie 2 EL geriebenen Parmesan mit den Spaghetti vermengen, würzen. In vorgewärmten Tellern anrichten und mit zusätzlichem Parmesan bestreuen.

Gegrillter Schinken mit Apfel und Brie

Für 4 Personen

4 dicke Scheiben Schinkensteak
(je ca. 175 g)
1 EL Olivenöl
2 EL Apfelmus zzgl. etwas zum
Servieren
125 g Brie
1 TL gerebelter Thymian
Salz und frisch gemahlener Pfeffer

- Den Backofen auf mittlerer Stufe vorheizen. Die Steaks mit dem Öl bestreichen und auf ein mit Alufolie bedecktes Blech legen. Im Backofen 4–5 Minuten von jeder Seite garen.

- Die gegrillten Schinkensteaks mit Apfelmus bestreichen, den Brie in Scheiben schneiden und auf das Fleisch legen. Mit Thymian bestreuen und nach Belieben mit Salz und Pfeffer würzen. Weitere 2–3 Minuten im Ofen garen, bis der Käse goldgelb zerlaufen ist.

- Mit zusätzlichem Apfelmus und einem grünen Salat servieren.

Überbackenes Ciabatta mit Brie Den Backofen auf mittlerer Stufe vorheizen. 1 Ciabattabrot halbieren und jede Hälfte in der Mitte teilen, damit 4 Portionen entstehen. Die Schnittseite jedes Stücks mit 1 EL Apfelmus bestreichen, dann jeweils 50 g hauchdünn geschnittenen Schinken darauflegen. 150 g Brie in Scheiben schneiden und auf die 4 Stücke verteilen, würzen. Die Ciabattastücke auf ein mit Alufolie bedecktes Blech legen. Im Ofen 3–4 Minuten überbacken, bis der Käse geschmolzen ist. Mit grünem Salat servieren.

Gefülltes Schweinesteak Den Backofen auf 180 °C vorheizen. 4 dicke Schweinesteaks ohne Knochen an der Seite einschneiden, damit Taschen entstehen. In jede Tasche 1 TL Apfelmus und 1 dicke Scheibe Brie legen, mit 1 TL gerebeltem Thymian bestreuen und würzen. Zum Schluss die Steaks in je 2 Scheiben luftgetrockneten Schinken wickeln. In einer Pfanne 2 EL Olivenöl erhitzen und die Steaks darin bei mittlerer Temperatur von jeder Seite 2 Minuten braten, bis der Schinken eine goldgelbe Farbe hat. Die Steaks in eine Auflaufform legen, mit 125 ml trockenem Cidre oder Weißwein übergießen und im Backofen in 15–18 Minuten saftig garen. Aus dem Ofen nehmen und mit gedünstetem Brokkoli oder grünen Bohnen und Bratkartoffeln servieren.

Penne mit Rucolapesto

Für 2 Personen

50 g Walnüsse
400 g Vollkornpenne
1 Knoblauchzehe
70 g Rucola
50 g geriebener Parmesan
75 ml Olivenöl
Salz und frisch gemahlener Pfeffer

- In einer Pfanne bei schwacher Hitze die Walnüsse 3–4 Minuten ohne Fett rösten. Die Pfanne häufig rütteln. Die Nüsse auf einem Teller abkühlen lassen.

- In einem Topf in reichlich Salzwasser die Penne al dente garen. Abgießen.

- In der Zwischenzeit die Knoblauchzehe zerdrücken. Die abgekühlten Nüsse mit Rucola, Knoblauch und Parmesan in einer Küchenmaschine fein hacken. 75 ml Pflanzenöl bei laufendem Motor in einem Strahl zugießen, bis ein glattes und sämiges Pesto entsteht. Alternativ alle Zutaten im Mörser möglichst fein zerkleinern und dann mit dem Öl verrühren. Das Pesto in eine Schüssel geben, abschmecken und mit den Nudeln vermischen.

1 **Nudelsalat mit Pesto**
In einem Topf in reichlich Salzwasser 400 g Penne al dente garen. Kalt abschrecken, abtropfen lassen. In der Zwischenzeit 4 EL grünes Pesto mit 2 EL Zitronensaft oder Balsamico, 200 g halbierten Kirschtomaten und reichlich Pfeffer verrühren. Die Nudeln damit mischen. Nach Belieben mit 100 g zerkrümeltem Feta anrichten.

3 **Pasta mit Pesto aus dem Ofen** Den Backofen auf 200 °C vorheizen. In einem Topf in reichlich Salzwasser 300 g Vollkornpenne al dente garen. Abgießen. In der Zwischenzeit in einer Pfanne bei schwacher Hitze 50 g Kürbiskerne oder Walnüsse 3–4 Minuten ohne Fett rösten. 1 Knoblauchzehe zerdrücken. Kerne oder Nüsse mit Knoblauch und 50 g geriebenem Parmesan in einer Küchenmaschine fein hacken. 75 ml Pflanzenöl bei laufendem Motor in einem Strahl zugießen, bis ein glattes und sämiges Pesto entsteht. Alternativ alle Zutaten im Mörser möglichst fein zerkleinern und dann mit dem Öl verrühren. Abschmecken. 250 g Mascarpone und 3 gewürfelte Tomaten unterrühren. Die Sauce mit den Nudeln mischen und das Ganze in eine gebutterte Auflaufform füllen. Mit 3 EL geriebenem Parmesan bestreuen und im Backofen in 15–20 Minuten goldgelb überbacken. Mit einem grünen Salat servieren.

 # Hähnchen-Speck-Roulade

Für 4 Personen

4 kleine Hähnchenbrüste
125 g Mozzarella
1 Bund Basilikum
8 Scheiben geräucherter Speck
2 EL Olivenöl
350 g Tomaten-Pastasauce aus
  dem Glas
Salz und frisch gemahlener Pfeffer

- Die Hähnchenbrüste längs einschneiden, damit eine Tasche entsteht. Den Mozzarella in Scheiben schneiden. Das Basilikum waschen, trocken schütteln und die Blätter abzupfen. Jede Tasche mit Käsescheiben und 2–3 Basilikumblättern füllen. Die Brüste würzen und mit je 2 Scheiben Speck umwickeln.

- In einer Pfanne 2 EL Olivenöl erhitzen und das Fleisch bei mittlerer Temperatur darin in 5–6 Minuten von jeder Seite goldgelb braten. Mit einem scharfen Messer ins Fleisch stechen: Treten klare Säfte aus, ist es gar. Dann aus der Pfanne nehmen und 2–3 Minuten ruhen lassen.

- In der Zwischenzeit in der Pfanne die Sauce erhitzen, den Bodensatz dabei lösen. Die Hähnchenrouladen mit gekochten Tagliatelle oder Gemüse und warmer Sauce servieren.

 Hähnchen-Schinken-Käse-Tortilla 4 Weizen-Tortillas (FP) ausbreiten und in die Mitte jeweils 2 Scheiben gegarte Hähnchenbrust und 50 g dünn geschnittenen geräucherten Schinken legen, dann mit insgesamt 100 g geriebenem Mozzarella und 100 g abgetropften roten Paprikastreifen aus dem Glas bestreuen. Mit jeweils 2–3 Basilikumblättern belegen. Die Tortillas so zusammenlegen, dass quadratische Päckchen entstehen. Eine Pfanne erhitzen und jeweils 2 Päckchen 1–2 Minuten von jeder Seite braten. Mit frischem grünem Salat servieren.

 Blätterteigtasche mit Räucherschinken und Hähnchen Den Backofen auf 200 °C vorheizen. 500 g Blätterteig (TK) zu einem 40 cm großen Quadrat ausrollen. Vierteln und jedes Quadrat mit 2 TL grünem oder rotem Pesto bestreichen. Je 2 dünne Scheiben gegarte Hähnchenbrust, je 50 g Räucherschinken und je 50 g Mozzarellascheiben und einige Rucolablätter darauflegen. Die Ecken der Quadrate zur Mitte ziehen, um die Füllung zu bedecken. Die geformten Päckchen auf ein Backblech legen. Mit verquirltem Ei bestreichen und im Backofen in etwa 15–20 Minuten goldgelb backen. Auf Salat anrichten.

30 Käsefondue

Für 4 Personen

1 Knoblauchzehe
200 ml trockener Weißwein
2 TL Zitronensaft
1 ½ EL Speisestärke
4 EL Weinbrand oder Wodka
750 g gemischter geriebener Käse
(Emmentaler, Gruyère oder reifer
Cheddar)

- Die Knoblauchzehe halbieren und die Innenseite eines Topfes mit den Schnittflächen einreiben, die Zehe wegwerfen. Wein und Zitronensaft im Topf aufkochen. In der Zwischenzeit die Speisestärke mit Weinbrand oder Wodka verrühren.

- Die Temperatur reduzieren und den Wein köcheln lassen. Dann langsam unter ständigem Rühren die angerührte Speisestärke 1–2 Minuten einrühren, bis die Konsistenz cremig wird.

- Nun nach und nach den Käse unter Rühren zugeben. So lange rühren, bis er vollständig geschmolzen ist. Hat das Fondue eine cremige Konsistenz, in einen Fonduetopf füllen und diesen auf ein Rechaud stellen. Alternativ den Topf direkt auf den Tisch stellen, am besten auf einen hitzebeständigen Untersatz. Dann eventuell die Mischung zwischendurch nochmals erhitzen. Das Fondue mit knusprigen Brotwürfeln, geputztem und in mundgerechte Stücke geschnittenem rohem Gemüse (Karotten, Sellerie, Brokkoli, halbierte Pilze, Kirschtomaten), gegarten Würsten, eingelegten Zwiebeln, Cornichons oder kleinen Kartoffeln zum Dippen servieren.

1 Schnelles Fondue

In einem großen Topf 700 g Käse-Pastasauce aus dem Glas erwärmen und 200 g geriebenen Emmentaler darin schmelzen lassen. Das Fondue mit knusprigen Brotwürfeln, geputztem und in mundgerechte Stücke geschnittenem rohem Gemüse (Karotten, Sellerie, Brokkoli, halbierte Pilze, Kirschtomaten), gegarten Würsten, eingelegten Zwiebeln, Cornichons oder kleinen Kartoffeln zum Dippen servieren.

2 Fondue mit Blauschimmelkäse

Die Innenwände eines Topfes mit 1 halbierten Knoblauchzehe einreiben. 250 ml trockenen Weißwein oder Cidre darin aufkochen. 1 EL Speisestärke mit 2 EL Wein oder Cidre verrühren und langsam in den köchelnden Wein fließen lassen. So lange rühren, bis das Ganze eindickt. 500 g grob gewürfelten Blauschimmelkäse bei schwacher Hitze einrühren, bis dieser geschmolzen ist. 100 g Sahne ebenfalls einrühren. Das Fondue mit knusprigen Brotwürfeln, geputztem und in mundgerechte Stücke geschnittenem rohem Gemüse (Karotten, Sellerie, Brokkoli, halbierte Pilze, Kirschtomaten), gegarten Würsten, eingelegten Zwiebeln, Cornichons oder kleinen Kartoffeln zum Dippen servieren.

 # Makrelensalat mit Zitronendressing

Für 4 Personen

2 EL Olivenöl

300 g gegarte Kartoffeln

2 Dosen Makrele in Öl oder Lake
(je 125 g)

150 g Rucola

Für das Dressing

4 EL Zitronensaft

2 EL Meerrettich

150 g Schmand

Salz und frisch gemahlener Pfeffer

- In einer großen Pfanne 2 EL Olivenöl erhitzen und die Kartoffeln darin unter gelegentlichem Wenden in 7–8 Minuten knusprig braten, würzen.

- In der Zwischenzeit die Dressingzutaten verrühren und nach Belieben würzen.

- Die Makrele in kleine Stücke teilen. Den Rucola klein schneiden und auf 4 Tellern anrichten, die Makrelenstücke darauflegen. Die Kartoffeln ebenfalls daraufgeben und mit dem Zitronendressing beträufeln.

 Spaghetti mit Zitronenmakrele In einem Topf in reichlich Salzwasser 400 g Spaghetti al dente garen. In der Zwischenzeit 2 Knoblauchzehen hacken und 4 Frühlingszwiebeln in feine Scheiben schneiden. In einem kleinen Topf 4 EL Olivenöl erhitzen und Knoblauch und Frühlingszwiebeln darin bei niedriger Temperatur 2–3 Minuten anbraten. 250 g geräucherte Makrelenfilets ohne Haut und Gräten in kleine Stücke zerteilen und in den Topf geben. 3 EL Zitronensaft und 1 gute Prise frisch gemahlenen Pfeffer unterrühren. Die Spaghetti abgießen, wieder in den Topf geben und die Zitronenmakrele untermischen. Abschmecken und servieren.

 Makrele mit Zitronenspinat aus dem Ofen Den Backofen auf 200 °C vorheizen. 800 g knapp gegarte Kartoffeln in dicke Scheiben schneiden und in einen großen Topf geben. 250 g geräucherte Makrele ohne Haut und Gräten in kleine Stücke zerteilen, 3 Frühlingszwiebeln in feine Scheiben schneiden. Mit 300 g Sauerrahm, dem Saft und der abgeriebenen Schale von 1 unbehandelten Zitrone und 150 g gewaschenen jungen Spinatblättern ebenfalls in den Topf geben. Mischen, würzen und bei schwacher Hitze 3–4 Minuten erwärmen, dann das Ganze in eine Auflaufform füllen und mit 125 g geriebenem Mozzarella bestreuen. Im Ofen in 20–22 Minuten goldgelb überbacken. Mit einem Rucola- oder Blattsalat servieren.

Curry-Putenbrust-Spieße

Für 4 Personen

3 EL Currypaste aus dem Glas
2 EL Naturjoghurt
500 g Putenbrustfilet
1 große Zwiebel
1 große grüne Paprika
Salz und frisch gemahlener Pfeffer

- Den Backofengrill auf mittlerer Stufe vorheizen. Die Currypaste in einer Schüssel mit dem Joghurt verrühren. Das Putenbrustfilet in mundgerechte Würfel schneiden und unterheben, sodass das Fleisch mit der Paste gut überzogen ist. Die Zwiebeln in mundgerechte Stücke schneiden, die Paprika entkernen und ebenso in mundgerechte Stücke schneiden.

- Das Fleisch im Wechsel mit Zwiebeln und Paprika auf Spieße stecken, nach Belieben würzen. Auf ein mit Alufolie bedecktes Blech legen.

- Die Spieße 12–15 Minuten grillen, hin und wieder drehen, bis das Fleisch gar und gebräunt ist. Alternativ in der Pfanne braten.

- Heiß mit Reis und Mangochutney aus dem Glas servieren.

Tandoori-Steak mit Reis 3 EL Tandoori-Gewürz auf 8 dünne Putenbrust-steaks (Minutensteaks) streichen. In einer großen beschichteten Pfanne 2 EL Pflanzenöl erhitzen und die Steaks darin von jeder Seite 2–3 Minuten braten. In der Zwischenzeit in einer weiteren Pfanne 500 g gegarten Basmati- oder Langkornreis mit 1 EL Öl erhitzen. 4–5 Minuten unter Rühren braten. Den heißen Reis auf Tellern anrichten, mit den Steaks und nach Belieben mit Mangochutney aus dem Glas servieren.

Putenbrustcurry mit Paprika In einem großen Topf 2 EL Pflanzenöl erhitzen und 1 grob gehackte große Zwiebel und 1 entkernte, gewürfelte grüne oder rote Paprika in 7–8 Minuten darin weich dünsten. 4 EL Currypaste aus dem Glas einrühren, dann 400 g gewürfeltes Putenbrustfilet, 1 Dose gehackte Tomaten (400 g) und 300 ml Wasser zugeben. Aufkochen lassen, dann offen bei schwacher Hitze 12–15 Minuten köcheln lassen, bis die Sauce sämig und das Fleisch gar ist. 125 g Naturjoghurt einrühren, abschmecken und das Curry mit gekochtem Basmati- oder Langkornreis servieren.

30 Tarte Margherita

Für 4 Personen

375 g Blätterteig (TK)
3 EL grünes oder rotes Pesto
300 g Kirschtomaten
150 g Mozzarella
12 entsteinte grüne oder schwarze
 Oliven
1 TL gerebelter Oregano
1 TL Olivenöl zzgl. etwas zum
 Einfetten des Blechs
Salz und frisch gemahlener Pfeffer

- Den Backofen auf 190 °C vorheizen. Den Blätterteig ausrollen und auf ein leicht gefettetes Backblech legen. Rundherum einen 1,5 cm breiten Rand einritzen.

- Pesto gleichmäßig auf dem Teig verstreichen, dabei den Rand aussparen. Die Kirschtomaten halbieren, den Mozzarella in Scheiben schneiden und auf dem Blätterteig verteilen. Mit Oliven und Oregano bestreuen. Nach Belieben würzen.

- Mit 1 TL Olivenöl beträufeln und im Ofen in 20–25 Minuten knusprig backen. In Stücke schneiden und mit einem Rucolasalat servieren.

1 Margherita-Salat

150 g Rucola und 300 g halbierte Kirschtomaten auf 4 Teller verteilen. 250 g klein gezupften Mozzarella und 12 entsteinte schwarze Oliven darauf anrichten. Zum Schluss mit ½ in dünne Scheiben geschnittenen roten Zwiebel belegen. Für das Dressing 2 TL rotes oder grünes Pesto mit 1 ½ EL Balsamico und 3 EL Olivenöl verrühren. Abschmecken, dann über den Salat träufeln.

2 Pizza Margherita

Den Backofen auf 200 °C vorheizen. 4 kleine Pizzaböden (FP) mit 6 EL Pizzasauce aus dem Glas bestreichen, dabei einen 1 cm breiten Rand frei lassen. Die Böden mit 250 g in Scheiben geschnittenem Mozzarella und 125 g halbierten Kirschtomaten belegen, würzen. 12 entsteinte schwarze Oliven darauflegen und alles mit ½ TL gerebeltem Oregano bestreuen. 2 TL Olivenöl über die Pizzen träufeln, dann im Backofen in 12–15 Minuten knusprig backen. Nach Belieben mit einem grünen Salat servieren.

BBQ-Schweinesteak mit Mais und Reis

Für 4 Personen

2 Frühlingszwiebeln
4 EL süße BBQ-Marinade
4 Schweinesteaks (je 125 g)
300 g Langkornreis
8 Mini-Maiskolben aus dem Glas

- Den Backofengrill auf mittlerer Stufe vorheizen. Die Frühlingszwiebeln in feine Scheiben schneiden und mit der BBQ-Marinade mischen, dann die Steaks damit bestreichen. In eine flache Auflaufform legen und 10 Minuten im Kühlschrank marinieren.

- Das Fleisch unter dem Grill 6–8 Minuten braten, ab und zu wenden und nochmals mit Marinade bestreichen. Die Steaks sollten gar, aber noch saftig sein. Alternativ in der Pfanne braten und zum Schluss nochmals Marinade daraufgeben.

- In der Zwischenzeit in einem Topf in leicht gesalzenem Wasser den Reis 15 Minuten garen. Gut abgießen.

- In einem kleinen Topf in kochendem Wasser die Mini-Maiskolben in 6–7 Minuten weich garen. Abgießen.

- Den Reis auf 4 vorgewärmten Tellern anrichten, die Steaks dazulegen und mit den Bratensäften beträufeln. Mit dem Mais servieren.

 Hoi-Sin-Schweinefleisch mit Nudeln

400 g Schweinefleisch in dünne Streifen schneiden. In einer Pfanne 2 EL Pflanzenöl erhitzen und das Fleisch darin 3–4 Minuten braten. 150 g Zuckerschoten in Abschnitte zerteilen und 1 Minute einrühren, dann 400 g gegarte asiatische Eiernudeln dazugeben. Alles 2–3 Minuten erhitzen, dann 200 g Hoi-Sin-Sauce aus dem Glas einrühren. Noch heiß in Schüsseln servieren.

 BBQ-Schweinesteak mit Kartoffelspalten

Den Backofen auf mittlerer Stufe vorheizen. In einer Schüssel 4 EL Tomatenketchup mit 2 zerdrückten Knoblauchzehen, 2 EL Honig, 2 EL braunem Zucker, 2 TL Worcestersauce, 1 EL Rotweinessig, 1 EL dunkler Sojasauce und 1 EL Pflanzenöl verrühren. 4 magere Schweinesteaks (je 150 g) mit der Marinade einreiben und 10 Minuten im Kühlschrank marinieren. In einer großen beschichteten Pfanne 1 EL Pflanzenöl erhitzen und die Steaks darin 12–15 Minuten braten, ab und zu wenden und mit Marinade bestreichen. In der Zwischenzeit 500 g Kartoffelwedges (TK) im Ofen knusprig backen. Steak mit Kartoffeln anrichten und nach Belieben mit Maiskolben servieren.

Kokos-Garnelen-Curry

Für 4 Personen

1 kleine Zwiebel
2,5 cm Ingwer *weniger!*
50 g Butter
3 EL milde Currypaste
400 ml Kokosmilch
300 g gegarte geschälte Garnelen
1 Bund Koriander
Salz und frisch gemahlener Pfeffer

- Die Zwiebeln in feine Scheiben schneiden, den Ingwer schälen und fein hacken. In einer großen Pfanne die Butter zerlassen und Zwiebeln und Ingwer darin bei schwacher Hitze 7–8 Minuten braten, bis die Zwiebeln weich sind. Ab und zu umrühren, die Butter nicht braun werden lassen.

- Die Currypaste 1–2 Minuten einrühren, dann die Kokosmilch zugeben und alles aufkochen. Bei schwacher Hitze zugedeckt 7–8 Minuten köcheln lassen. Nach Belieben würzen.

- Die Garnelen während der letzten Minute in dem Curry erhitzen. Den Koriander waschen, trocken schütteln und die Blättchen fein hacken. Die Pfanne vom Herd nehmen und das Curry mit Koriander bestreuen und sofort mit Reis servieren.

Garnelen-Wrap In einer Schüssel 2 EL Naturjoghurt mit 2 EL Mayonnaise, 1 TL milden Curry, 1 EL Mangochutney aus dem Glas und 1 TL Zitronensaft verrühren. Mit Salz und frisch gemahlenem Pfeffer würzen. Dann 300 g gegarte geschälte Garnelen oder 300 g gegartes, in Scheiben geschnittenes Hähnchen untermengen. Das Ganze auf 4 große oder 8 kleine Weizen-Tortillas (FP) geben. Eisbergsalatblätter zerzupfen und mit 4–5 Gurkenscheiben hinzufügen, dann die Wraps zusammenrollen und zum Servieren halbieren.

Garnelenpilaw 1 Zwiebel und 2 Knoblauchzehen hacken. In einer großen Pfanne 2 EL Pflanzenöl erhitzen. Zwiebeln und Knoblauch mit 1 EL geriebenem Ingwer darin bei mittlerer Temperatur in 7–8 Minuten weich dünsten. 2 EL mildes Curry 1 Minute unterrühren, dann 300 g Langkorn-reis in die Pfanne geben. 700 ml Hühnerbrühe oder Gemüsebrühe zugeben und alles zum Kochen bringen. Bei schwacher Hitze zugedeckt etwa 15 Minuten köcheln, bis der Reis weich ist und die Flüssigkeit aufgenommen wurde. Den Reis mit einer Gabel auflockern und 300 g gegarte geschälte Garnelen unterziehen. Zugedeckt die Garnelen in etwa 2–3 Minuten erhitzen. Nach Belieben mit gehackten Korianderblättchen bestreut servieren.

3 Wurst-Gemüse-Topf

Für 4 Personen

8 mittelgroße Bratwürste
1 Zwiebel
400 g kleine Kartoffeln
2 große Karotten
3 EL Olivenöl
1 TL gerebelter Rosmarin
Salz und frisch gemahlener Pfeffer

- Den Backofen auf 200 °C vorheizen. Die Würstchen in einer Schicht in eine große Auflaufform legen. Die Zwiebeln in Spalten schneiden, die Kartoffeln schälen und halbieren, die Karotten putzen und in dicke Stücke schneiden. Die Zutaten zu den Würstchen geben. Alles gut mischen und mit 3 EL Olivenöl beträufeln. Mit Salz und Pfeffer würzen und mit Rosmarin bestreuen.

- Im Backofen unter gelegentlichem Wenden 20–25 Minuten backen. Die Würste sollten dann gebräunt und das Gemüse gar sein.

- Heiß servieren. Nach Belieben Bratensauce dazureichen.

---

1 **Wurstomelett** In einer Pfanne 2 EL Olivenöl erhitzen und 600 g gegarte, in Scheiben geschnittene Kartoffeln vom Vortag sowie 3 klein geschnittene Frühlingszwiebeln und 250 g in Scheiben geschnittene geräucherte Wurst zugeben. In einer Schüssel 6 Eier mit je 1 Prise Salz und frisch gemahlenem Pfeffer verquirlen. In die Pfanne gießen, die Temperatur erhöhen und alles unter Rühren vermengen, bis die Mischung gestockt ist. 125 g geriebenen Gouda darüberstreuen. Mit einem grünen Salat servieren.

2 **Wurstkasserolle** In einem großen Topf 2 EL Olivenöl erhitzen und je 1 in feine Scheiben geschnittene Zwiebel und Selleriestange bei mittlerer Temperatur darin 6–7 Minuten dünsten. 2 gehackte Knoblauchzehen und 2 TL gemahlenen Kreuzkümmel zugeben und 1–2 Minuten mitdünsten. Je 1 Dose gehackte Tomaten und Kichererbsen (je 400 g) hinzufügen und alles zum Kochen bringen. 8 Minuten bei reduzierter Hitze köcheln, in der letzten Minute 150 g gewaschene Spinatblätter einrühren. Zum Schluss 200 g gegarte kleine Cocktail- oder Cabanossi-Würstchen darin in 1 Minute heiß werden lassen, abschmecken. In 4 tiefen Tellern anrichten und mit knusprigem Brot sowie nach Belieben mit gehackten Petersilienblättern bestreut servieren.

Pilz-Schnittlauch-Risotto

Für 4 Personen

1 Zwiebel

2 Knoblauchzehen

300 g Pilze

50 g Butter

350 g Risottoreis

125 ml trockener Weißwein

1,2 l heiße Hühnerbrühe

3 EL Crème fraîche

2 EL Schnittlauchröllchen

Salz und frisch gemahlener Pfeffer

- Die Zwiebeln in feine Scheiben schneiden, den Knoblauch hacken. Die Pilze putzen und ebenfalls hacken. In einem Topf die Butter zerlassen und Zwiebeln und Knoblauch bei mittlerer Hitze darin 4–5 Minuten dünsten. Die Pilze zugeben und 2–3 Minuten mitdünsten, ab und zu umrühren. Den Risottoreis 1 Minute einrühren, dann den Weißwein zugießen und 1 Minute köcheln lassen, bis er aufgenommen ist.

- Unter ständigem Rühren die heiße Brühe schöpflöffelweise zugeben, nach jedem Löffel warten, bis sie vom Reis aufgenommen worden ist. So fortfahren, bis die ganze Brühe eingerührt und der Reis weich ist, aber noch leichten Biss hat. Der gesamte Vorgang dauert etwa 15 Minuten.

- Crème fraîche und Schnittlauch unterrühren, gut würzen und den Topf vom Herd ziehen. Abgedeckt 2 Minuten ruhen lassen. Mit geriebenem Parmesan bestreut servieren.

Gegrillte Pilze mit Polenta Den Backofengrill auf mittlerer Stufe vorheizen. 8–12 große, flache Champignons putzen und in eine flache Auflaufform setzen. Jeweils 1 Scheibe Kräuterbutter (ca. 15 g) auf die Pilze legen. Unter dem Grill 5–6 Minuten grillen. In der Zwischenzeit in einem großen Topf 750 ml Hühnerbrühe aufkochen. 200 g Instant-Polenta mit einem Holzlöffel einrühren, bis die Polenta eindickt. Die Hitze reduzieren und die Polenta noch 2 Minuten köcheln lassen. 50 g Knoblauchbutter und 3 EL feine Schnittlauchröllchen untermengen. Nach Belieben würzen. Die Polenta in 4 vorgewärmten Tellern anrichten, Pilze und Bratensäfte daraufgeben und nach Belieben mit geriebenem Parmesan bestreut sofort servieren.

Linguine mit Pilzen und Schnittlauch In einem Topf in reichlich Salzwasser 400 g Linguine al dente garen. In der Zwischenzeit in einer Pfanne 25 g Butter mit 1 EL Olivenöl erhitzen. 1 Zwiebel hacken und 7–8 Minuten in der Pfanne dünsten. 300 g geputzte und gehackte Champignons sowie 2 gehackte Knoblauchzehen einrühren und unter gelegentlichem Rühren 3–4 Minuten dünsten. 300 g Sahne und 3 EL Schnittlauchröllchen in die Pfanne geben, alles mit Salz und frisch gemahlenem Pfeffer würzen. Aufkochen, 1 EL Zitronensaft zugeben, dann mit den Linguine vermengen und servieren.

Panierter Fisch mit Erbsen

Für 4 Personen

500 g Pommes frites
1 großes Ei
2–3 EL Weizenmehl
6 EL Semmelbrösel
4 weiße Fischfilets ohne Haut und
   Gräten (je 125 g)
4 EL Pflanzenöl
250 g Erbsen (TK)
1 EL Zitronensaft
2 EL Crème fraîche
Salz und frisch gemahlener Pfeffer

- Den Backofen auf 220 °C vorheizen. Die Pommes frites auf einem Backblech ausbreiten und in 15–18 Minuten goldgelb backen. In der Zwischenzeit das Ei verquirlen. Ei, Mehl und Semmelbrösel jeweils in einen tiefen Teller geben. Das Mehl würzen. Jedes Fischfilet erst durch das Mehl ziehen, dann durch das Ei, zuletzt in den Semmelbröseln wenden. Die Panade fest andrücken.

- In einer Pfanne 4 EL Pflanzenöl erhitzen und die Fischfilets bei mittlerer Temperatur 3–4 Minuten von jeder Seite knusprig braten.

- In der Zwischenzeit in einem Topf in wenig kochendem Wasser die Erbsen in 3–5 Minuten weich garen. Den Topf vom Herd nehmen, etwas abgießen und die Erbsen mit Zitronensaft, Crème fraîche, Salz und Pfeffer mischen. Den panierten Fisch mit Pommes frites, Erbsen, Zitronenstücken und nach Belieben mit Sauce tartare servieren.

Fischstäbchen mit Minzerbsen

Unter dem auf mittlerer Stufe vorgeheizten Grill 8–12 Fischstäbchen etwa 8 Minuten unter Wenden grillen. Alternativ in der Pfanne zubereiten. In der Zwischenzeit in einem Topf in etwas Wasser 1 Dose Erbsen (400 g) etwa 3–5 Minuten kochen, abgießen und wieder in den Topf füllen. 50 g Butter, Salz, frisch gemahlenen Pfeffer und 1 TL fein gehackte Minzeblätter unterrühren. Die Erbsen mit Fischstäbchen und Sauce tartare oder Ketchup sowie gebuttertem Bauernbrot servieren.

Fisch mit Kräuterkruste aus dem Ofen

Den Backofen auf 200 °C vorheizen. 75 g Semmelbrösel mit 1 TL abgeriebener Schale von 1 unbehandelten Zitrone, 2 EL fein gehackten Petersilienblättern, 1 EL Schnittlauchröllchen und je 1 Prise Salz und frisch gemahlenem Pfeffer verrühren. 4 weiße Fischfilets ohne Haut und Gräten mit etwas Pflanzenöl bestreichen, dann in der Kräuterpanade wälzen und diese fest andrücken. Nebeneinander in eine Auflaufform legen und mit der restlichen Panade bestreuen. Im Ofen 5–20 Minuten backen, bis die Kruste eine goldgelbe Farbe hat und der Fisch gar ist. In der Zwischenzeit in einem Topf in leicht gesalztem Wasser 750 g geschälte und gewürfelte Kartoffeln in 12–15 Minuten garen. Abgießen und mit 50 g Butter und 4 EL Milch pürieren. Nach Geschmack würzen und auf 4 vorgewärmten Tellern anrichten. Mit dem Fisch und nach Belieben mit gekochten Erbsen servieren.

1 Curry-Nudel-Suppe

Für 4 Personen

200 ml Kokosmilch
1–2 EL grüne Currypaste
900 ml Hühner- oder Gemüsebrühe
2 EL Limettensaft
175 g grüne Bohnen
300 g gekochte Nudeln vom Vortag
Salz und frisch gemahlener Pfeffer

- In einem großen Topf die Kokosmilch zum Kochen bringen. Die Currypaste einrühren und 1–2 Minuten köcheln, dann die Brühe und den Limettensaft zugießen.

- Alles 5 Minuten sanft köcheln lassen. Die grünen Bohnen in Segmente schneiden und mit den Nudeln in den Topf geben. Weitere 3–4 Minuten köcheln und abschmecken.

- Die Suppe in Schalen anrichten und sofort servieren.

 2 Gemüsecurry 1 Aubergine würfeln und 1 Zwiebel in Scheiben schneiden. In einer Pfanne 3 EL Pflanzenöl erhitzen und das Gemüse darin bei mittlerer Temperatur unter Rühren 5 Minuten braten, bis es weich und leicht gebräunt ist. Bei schwacher Hitze 2 EL grüne Currypaste einrühren, dann 400 ml Kokosmilch und 300 ml Gemüsebrühe zugießen. Aufkochen lassen und 5 Minuten köcheln, dann 150 g grüne Bohnen und 200 g Brokkoliröschen zugeben und weitere 6–7 Minuten köcheln. 1 EL Limettensaft einrühren, nach Belieben würzen und das Curry auf gekochtem Reis anrichten.

 3 Süßkartoffelcurry mit grünen Bohnen 1 Zwiebel grob hacken, 300 g Süßkartoffel schälen und würfeln. 1 Aubergine würfeln, 2,5 cm Ingwer schälen und hacken. 2 Knoblauchzehen hacken. In einer großen Pfanne 2 EL Pflanzenöl erhitzen Zwiebeln, Kartoffeln und Aubergine darin bei mittlerer Hitze unter Rühren in etwa 7 Minuten weich dünsten. Ingwer und Knoblauch zugeben und 2–3 Minuten mitdünsten. 2 EL rote Currypaste einrühren. 400 ml Kokosmilch und 400 ml Gemüsebrühe zugeben und alles aufkochen lassen. Bei schwacher Hitze 7–8 Minuten köcheln. 1 rote Paprika entkernen und in dünne Streifen schneiden. Mit 150 g grünen Bohnen aus dem Glas zufügen und nochmals 7–8 Minuten köcheln. 1 EL Limettensaft einrühren und abschmecken. Das Curry auf gekochtem Reis mit Korianderblättchen bestreut anrichten.

Geröstete Paprika mit Mozzarella und Couscous

Für 4 Personen

4 große rote Paprika
2 Knoblauchzehen
250 g kleine Mozzarellakugeln
1 TL Chiliflocken
12 Kirschtomaten
2 EL Olivenöl
250 g Couscous
25 g Butter
300 ml heiße Gemüsebrühe
Salz und frisch gemahlener Pfeffer

- Den Backofen auf 200 °C vorheizen. Die Paprikaschoten entkernen und die Deckel abschneiden. Die Knoblauchzehen in Scheiben schneiden und die Mozzarellakugeln halbieren.

- Die Paprika nebeneinander in eine flache Auflaufform setzen und jede Schote mit einigen Knoblauchscheiben, halbierten Mozzarellakugeln, 1 Prise Chiliflocken und 3 Kirschtomaten füllen, würzen. Mit Olivenöl beträufeln und im Backofen in 20–25 Minuten weich garen.

- In der Zwischenzeit den Couscous in eine Schüssel füllen, Butter und Brühe zugeben. Abgedeckt 6–8 Minuten quellen lassen, bis die Flüssigkeit aufgenommen ist. Mit einer Gabel auflockern und auf Tellern anrichten. Jeweils eine Schote dazusetzen und nach Belieben mit Rucola servieren.

Paprika-Mozzarella-Salat

Den Backofen auf mittlerer Stufe vorheizen. 4 Paprika vierteln und mit der Schnittfläche nach oben auf ein mit Alufolie bedecktes Blech legen. Mit 2 EL Olivenöl beträufeln. Im Ofen in 6–7 Minuten weich garen. Etwas abkühlen lassen, dann in große Stücke schneiden. In der Zwischenzeit 500 g Couscous vom Vortag in 4 Schüsseln anrichten, jeweils mit 1 Handvoll Rucolablättern belegen. 250 g Mozzarella in Stücke teilen und darüberstreuen. Kräftig würzen und noch mehr Rucola hinzufügen. Mit den Paprikastücken belegen und mit Olivenöl und Balsamico beträufelt servieren.

Grillpaprika mit Käse und Couscous

Den Backofen auf mittlerer Stufe vorheizen. 4 rote oder gelbe Paprika halbieren und entkernen. Mit der Schnittfläche nach oben auf ein mit Alufolie bedecktes Blech legen. 250 g Mini-Mozzarellakugeln auf die Hälften verteilen, dann jeweils 1 Prise Chiliflocken und gehackten Knoblauch darauflegen, würzen. Mit 2 EL Olivenöl beträufeln und im Ofen 8–10 Minuten überbacken, bis der Käse geschmolzen ist. In der Zwischenzeit Couscous in eine Schüssel füllen, Butter und Brühe zugeben. Abgedeckt 6–8 Minuten quellen lassen, bis die Flüssigkeit absorbiert ist. Auf Tellern anrichten und die Paprika darauflegen.

Gemüse-Nudel-Pfanne mit Ingwertofu

Für 4 Personen

2 EL Pflanzenöl
ca. 500 g Pfannengemüse (FP)
400 g frische gegarte Nudeln
400 g fester Tofu
Salz und frisch gemahlener Pfeffer

Für die Marinade
2,5 cm Ingwer
2 große Knoblauchzehen
3 EL dunkle Sojasauce
3 EL flüssiger Honig

- In einem Wok oder großen Topf 2 EL Pflanzenöl erhitzen und das Gemüse darin unter Rühren 3–4 Minuten braten. Die Nudeln zugeben und 3–4 Minuten mitbraten.

- Den Backofengrill auf mittlerer Stufe vorheizen. In der Zwischenzeit für die Marinade den Ingwer schälen und reiben, die Knoblauchzehen zerdrücken. Mit Sojasauce und Honig mischen. Den Tofu in dicke Scheiben schneiden und in die Marinade legen, gut damit überziehen. Den Tofu auf ein mit Alufolie bedecktes Blech legen und die Marinade aufbewahren. Tofu 4 Minuten grillen, zwischendurch einmal wenden. Alternativ in einer Pfanne zubereiten.

- Die Gemüse-Nudel-Mischung vom Herd nehmen, die Marinade darüberträufeln und mit dem Tofu belegen, nach Belieben würzen.

Gemüse und Tofu aus dem Wok 300 g festen Tofu in dicke Scheiben schneiden und in eine Marinade aus 2,5 cm geschältem und geriebenem Ingwer, 2 großen zerdrückten Knoblauchzehen, 3 EL dunkler Sojasauce und 3 EL flüssigem Honig legen. In einem Wok oder großen Topf 2 EL Pflanzenöl erhitzen und die Tofuscheiben etwa 4 Minuten darin braten. Herausnehmen und beiseitelegen. 500 g Pfannengemüse (FP) 3–4 Minuten im Wok braten, dann 2,5 cm geschälten und gehackten Ingwer und 2 gehackte Knoblauchzehen 1 Minute einrühren. In der Zwischenzeit 3 EL helle Sojasauce mit 2 EL flüssigen Honig verrühren. Wok vom Herd nehmen und die Sauce mit dem Tofu unterrühren, abschmecken. Mit 500 g gebratenem Reis mit Ei servieren.

Gemüsepäckchen mit mariniertem Tofu Den Backofen auf 200 °C vorheizen. 2 Knoblauchzehen zerdrücken und 3 Frühlingszwiebeln klein schneiden. In einer Schüssel mit 4 EL heller Sojasauce, 2 EL Sesamöl und 1 EL geriebenem Ingwer verrühren. 800 g festen Tofu in Scheiben schneiden und gut mit der Marinade überziehen. 10 Minuten ruhen lassen. In der Zwischenzeit je 4 große Kreise aus Backpapier und Alufolie zuschneiden, jeweils 1 Papierkreis auf 1 Folienkreis legen. 500 g Pfannengemüse (TK) darauf verteilen, nach Belieben würzen. Dann die marinierten Tofuscheiben darauflegen und die restliche Marinade darüberträufeln, abschmecken. Die Seiten über dem Belag zusammenschlagen und fest zusammendrücken. Auf ein Backblech setzen und im Ofen 12–15 Minuten backen, bis das Gemüse gar ist. Auf 4 vorgewärmten Tellern anrichten.

Gemüsecurry mit Reis

Für 4 Personen

1 Zwiebel

600 g gemischtes Gemüse (Karotten, Porree, Kürbis, Kartoffeln, Brokkoli)

2 Knoblauchzehen

2,5 cm Ingwer

2 EL Pflanzenöl

4 EL mittelscharfe Currypaste

1 Dose gehackte Tomaten (400 g)

400 ml Gemüsebrühe

Salz und frisch gemahlener Pfeffer

- Die Zwiebeln grob hacken. Gemischtes Gemüse Ihrer Wahl putzen und hacken oder grob schneiden. Den Knoblauch hacken, den Ingwer schälen und ebenfalls hacken.

- In einer großen Pfanne 2 EL Pflanzenöl erhitzen und Zwiebeln und Gemüse darin bei mittlerer Temperatur unter häufigem Rühren etwa 10 Minuten braten. Es sollte dann schon ein wenig Farbe bekommen haben. Knoblauch und Ingwer 2 Minuten einrühren, dann die Currypaste zugeben. 1 weitere Minute erhitzen, damit sich das Aroma entfalten kann.

- Tomaten und Brühe hinzufügen, alles aufkochen lassen und bei schwacher Hitze etwa 15 Minuten köcheln, bis das Curry etwas eingedickt und das Gemüse gar ist. Würzen und in Schalen auf gekochtem Reis servieren.

Gemüsereis mit Currysauce In einem Topf 2 EL Pflanzenöl erhitzen und 500 g gekochten Langkornreis vom Vortag unter Rühren 3–4 Minuten darin erwärmen. 600 g gemischtes Gemüse (TK) 2–3 Minuten unter den Reis rühren. In einem kleinen Topf 1 Flasche Currysauce (500 g) unter Rühren 2–3 Minuten erhitzen. Den Topf vom Herd nehmen. Den Gemüsereis in vorgewärmte Schalen füllen und mit der heißen Currysauce und heißem Naanbrot servieren.

Gemüsecurry-Pfanne In einer großen Pfanne 2 EL Pflanzenöl erhitzen und darin 1 gehackte Zwiebel, 1 gehackte rote Paprika und 2 gehackte Knoblauchzehen bei mittlerer Temperatur in 3–4 Minuten leicht Farbe annehmen lassen. 1 EL geriebene Ingwerwurzel 1 Minute einrühren, dann 3 EL scharfe Currypaste zugeben und 1 Minute mitbraten. 1 Dose gehackte Tomaten (400 g) und 2 TL Weinessig sowie 250 ml Gemüsebrühe zugeben. Das Ganze zum Kochen bringen, dann bei schwacher Hitze 6–7 Minuten köcheln. Zum Schluss 400 g gemischtes Gemüse (FP) zugeben und weitere 5–6 Minuten köcheln. Auf heißem Reis servieren.

1 Kartoffelsalat mit Sardinen

Für 4 Personen

3 EL Mayonnaise

2 EL Sauce tartare

2 TL Zitronensaft

2 EL gehackte Petersilienblätter

600 g gegarte Kartoffeln vom Vortag

2 Dosen Sardinen (je 125 g)

Salz und frisch gemahlener Pfeffer

- In einer großen Schüssel Mayonnaise, Sauce tartare, Zitronensaft und Petersilie mischen und mit je 1 Prise Salz und Pfeffer würzen.

- Die Kartoffeln würfeln, die Sardinen abtropfen lassen und zerkleinern. Kartoffeln und Sardinen unter das Dressing heben und den Salat auf Tellern anrichten.

2 Linguine mit Sardinen

In einem Topf in reichlich Salzwasser 400 g Linguine al dente garen. 2 Knoblauchzehen hacken, 1 rote Chili entkernen und fein hacken. 1 Bund Petersilie waschen, trocken schütteln und die Blätter fein hacken. In einer Pfanne 3 EL Olivenöl erhitzen, Knoblauchzehen und Chili darin 2–3 Minuten dünsten. Die Pfanne vom Herd nehmen und die abgeriebene Schale und den Saft von 1 unbehandelten Zitrone, die Petersilie und 2 Dosen zerkleinerte Sardinen in Tomatensauce (je 125 g) zugeben. Gut abschmecken. Linguine abgießen, wieder in den Topf geben und mit der Sardinensauce vermischen. Kurz erhitzen, dann servieren.

3 Fischauflauf in Tomatensauce

Den Backofen auf 190 °C vorheizen. 700 g Tomaten-Pastasauce aus dem Glas in einen großen Topf geben. 400 g Fisch (Lachs, Schellfisch, Rotbarsch) in mundgerechte Stücke schneiden und zugeben. Bei schwacher Hitze 5–8 Minuten garen. 1 Dose Sardinen in Tomatensauce (125 g) abtropfen lassen, zerkleinern und zugeben. Nach Belieben würzen. 200 g gegarte geschälte Garnelen unterrühren, dann das Ganze in eine flache Auflaufform füllen. 75 g grobe Semmelbrösel mit 2 EL geriebenem Parmesan, 2 EL fein gehackten Petersilienblättern und 1 EL Olivenöl gut verrühren. Auf dem Fisch verteilen und den Auflauf im Ofen in 15 Minuten knusprig backen. Sofort mit frischem Baguette servieren.

QuickStudent
Zum Schluss etwas Süßes

Rezepte nach Zubereitungszeit

3⊙

2⊙

30 Schoko-Bananen-Muffins

Für 6 Personen

225 g Weizenmehl
2 EL Kakaopulver
2 TL Backpulver
100 g Zucker
100 g dunkle Schokolade, gehackt
2 kleine reife Bananen
2 Eier
50 ml Pflanzenöl
125 g Naturjoghurt

- Den Backofen auf 180 °C vorheizen. Das Mehl und das Kakaopulver in eine Schüssel sieben. Mit Backpulver, Zucker und 75 g gehackter Schokolade mischen.

- Die Bananen zerdrücken und mit Eiern, Öl und Joghurt in einer zweiten Schüssel verrühren, dann in die Schüssel mit den Trockenzutaten gießen. Das Ganze zu einem glatten Teig verrühren. Den Teig in zwölf gefettete oder mit Papier ausgelegte Muffinformen füllen und mit der restlichen Schokolade bestreuen.

- Im Ofen 18–22 Minuten backen. Auf einem Kuchenrost etwas abkühlen lassen und noch warm servieren.

- Dazu eine Karamellsauce reichen.

1 Bananen-Schoko-Becher 12 dunkle Schokoladenkekse zerbröseln und den Boden von 2 Bechergläsern damit bedecken. Jeweils 1 EL Karamellsauce aus der Flasche daraufgeben. 3 große reife, aber feste Bananen in Scheiben schneiden und die Sauce damit belegen. Auf die Bananen jeweils 2 Kugeln Milcheis setzen und zum Schluss geschlagene Sahne daraufgeben. Mit etwas Karamellsauce beträufelt servieren.

2 Schoko-Bananen-Trifle 3 große Schokomuffins (FP oder Reste) in dicke Scheiben schneiden und diese auf den Boden einer großen Glasschale oder Auflaufform legen. 75 ml Irish-Cream-Likör darüberträufeln und die Schale zum Durchziehen beiseitestellen. In der Zwischenzeit 3 große reife, aber feste Bananen in Scheiben schneiden und 200 g Sahne mit etwas Zucker steif schlagen. Die Bananen auf den Muffins verteilen, mit 4 EL Toffeesauce aus der Flasche beträufeln und mit der Sahne bestreichen. Mit zerbröselten Bananen- und Schokochips bestreut servieren.

Trockenfrüchtekompott mit Eis

Für 4–6 Personen

250 g gemischte Trockenfrüchte
(z. B. Aprikosen, Pflaumen,
Datteln)
1 Vanilleschote
350 ml Orangensaft
8–12 Kugeln Vanilleeis

- Die Trockenfrüchte grob zerkleinern und in einen kleinen Topf legen. Die Vanilleschote einritzen und mit dem Orangensaft zugeben. 6–7 Minuten unter häufigem Rühren sanft erhitzen, bis die Früchte weich und aufgequollen sind.

- Das Ganze in eine Schüssel geben und abkühlen lassen, die Vanilleschote entnehmen. In der Zwischenzeit das Eis in 4–6 Dessertschalen anrichten, dann das Kompott mit Saft hinzufügen. Nach Belieben Eiswaffeln dazureichen.

Scones mit Früchten
Den Backofen auf hoher Temperatur vorheizen. 300 g Weizenmehl und 1 Pck. Backpulver in eine Schüssel geben und 75 g weiche Butter unterarbeiten, sodass ein trockener Vorteig entsteht. 50 g gemischte Trockenfrüchte hacken und mit 2 EL Zucker untermengen. In einer weiteren Schüssel 125 ml Milch mit 1 großen Ei verrühren, das Ganze in die Schüssel mit den Trockenfrüchten geben und alles zu einem weichen Teig verarbeiten. Den Teig auf eine leicht bemehlte Arbeitsfläche legen und flach (ca. 1,5 cm) drücken oder ausrollen. Mit einer Ausstechform (5 cm im Durchmesser) ca. 12 Scones ausstechen, diese auf ein leicht gefettetes Backblech legen und mit etwas Milch bestreichen. Im Ofen bei 200 °C in etwa 12 Minuten goldgelb backen. Auf einem Kuchengitter abkühlen lassen.

Fruchtplätzchen Den Backofen auf 190 °C vorheizen. 250 g Weizenmehl mit 1 Pck. Backpulver in eine Schüssel sieben und 1 TL gemahlenen Zimt untermischen. 125 g weiche Butter unter das Mehl arbeiten, bis Streusel entstehen. 2 TL fein geriebene Schale 1 unbehandelten Orange, 150 g grob gehackte gemischte Trockenfrüchte und 125 g Zucker hinzufügen. 1 großes Ei und 1 Eigelb mit 1–2 EL Milch verquirlen und zum Vorteig geben. Alles zu einem weichen Teig kneten. Ein Backblech mit Backpapier belegen und vom Teig 8–10 Häufchen daraufsetzen. Mit Zucker bestreuen und im Ofen in 20 Minuten goldgelb backen. Auf einem Kuchengitter abkühlen lassen.

Vanille-Himbeer-Muffins

Für 4–6 Personen

125 g weiche Butter
125 g Weizenmehl
1 TL Backpulver
125 g Zucker
2 Eier
1 TL Vanillezucker
12 TL Himbeerkonfitüre

- Den Backofen auf 190 °C vorheizen. In einer Rührschüssel Butter, Mehl, Backpulver, Zucker, Eier und Vanillezucker zu einem glatten Teig verrühren. 12 Muffinförmchen fetten und den Teig hineingeben.

- Im Ofen 12–14 Minuten blass-gelb backen. Die Muffins sind gar, wenn ein eingeführter Zahnstocher sauber herauskommt.

- Auf einem Kuchengitter abkühlen lassen, dann das Gebäck mit jeweils 1 TL Konfitüre garniert servieren.

Himbeer-Vanille-Trifle

1 Biskuitboden (FP) oder Reste von 1 Sandkuchen in Stücke oder Scheiben schneiden und den Boden einer Glasschüssel oder eine Auflaufform damit auslegen. 1 TL Vanillezucker mit 3 EL Cassis, Pfirsichlikör oder Cranberrysaft verrühren und über die Scheiben träufeln. Das Ganze mit 400 g Himbeeren aus dem Glas belegen und mit 300 g Vanillepudding (FP) bestreichen. 200 g Sahne mit Zucker nach Belieben steif schlagen und klecksweise daraufgeben. Mit geraspelter Schokolade oder einigen frischen Himbeeren garniert servieren.

Vanillebiskuit mit Himbeerkonfitüre

Den Backofen auf 190 °C vorheizen. 3 Eier trennen. In einer kleinen Schüssel 3 Eiweiße zu steifem Schnee schlagen. In einer großen Schüssel 3 Eigelbe und 1 TL Vanillezucker mischen. 2 TL Backpulver und je 175 g Zucker, Weizenmehl und weiche Butter oder Margarine zugeben und die Zutaten zu einem dick-cremigen Teig verrühren. Den Eischnee unterheben. Den Teig in 2 mit Backpapier ausgelegte Backformen (20 cm) geben und im Ofen in ca. 20 Minuten goldgelb backen. Aus der Form nehmen, das Papier abziehen und die Kuchenböden auf einem Kuchengitter abkühlen lassen. Einen Boden mit 4–5 EL Himbeer- oder Schwarze-Johannisbeer-Konfitüre bestreichen und den zweiten Boden daraufsetzen. Nach Belieben verzieren und in Stücke geschnitten servieren.

Karamellisierte Ananas

Für 4–6 Personen

25 g Butter
2 EL Zucker
1 Dose Ananasscheiben im eigenen
Saft (400 g)

- In einer großen Pfanne die Butter zerlassen. Die Ananasscheiben von beiden Seiten mit Zucker bestreuen. Ananas in die Pfanne legen und von jeder Seite 2–3 Minuten goldbraun karamellisieren lassen.

- Etwas abkühlen lassen, dann mit warmem oder kaltem Milchreispudding servieren.

Ananas-Reispudding
Den Backofengrill auf 180 °C vorheizen. 800 g Reispudding (FP, türkischer Lebensmittelhandel) in eine gebutterte Auflaufform füllen. 1 Dose Ananasstücke im eigenen Saft (425 g) abtropfen lassen und auf dem Pudding verteilen. Mit 2–3 EL Zucker bestreuen und im Ofen auf oberster Schiene 4–6 Minuten karamellisieren lassen. Warm mit Eis nach Belieben servieren.

Kokosmilchreis mit Ananas 125 g Milchreis mit 400 ml Kokosmilch, 50 g braunem Zucker und 25 g Butter in einen Topf geben. Aufkochen, dann bei sehr schwacher Hitze 25 Minuten köcheln. Oft umrühren, damit der Reis nicht anbrennt. In der Zwischenzeit in einer großen Pfanne 25 g Butter zerlassen. 1 Dose Ananasscheiben (400 g) abtropfen lassen und die Scheiben von beiden Seiten mit Zucker bestreuen. In der Pfanne von jeder Seite 2–3 Minuten goldbraun karamellisieren lassen. Den Kokosmilchreis in Schalen füllen und mit den Ananasscheiben servieren.

30 Schoko-Orangen-Käsekuchen

Für 6 Personen

250 g dunkle Schokoladenkekse
100 g Butter
300 g Frischkäse oder Mascarpone
3 EL Nuss-Nougat-Brotaufstrich
2 TL abgeriebene Schale von 1
    unbehandelten Orange
75 g Zucker

• Die Kekse zerbröseln und in einer kleinen Pfanne die Butter zerlassen. Keksbrösel gut mit der Butter vermengen.

• Den Boden einer Spring- oder Tarteform (23 cm Durchmesser) mit Frischhaltefolie auslegen und die Butter-Keks-Mischung zu einem Boden andrücken. In den Kühlschrank stellen.

• Frischkäse oder Mascarpone mit Brotaufstrich, Orangenschale und Zucker zu einer glatten Creme verrühren. Gleichmäßig auf dem Kuchenboden verstreichen.

• Den Kuchen mindestens 20 Minuten in den Kühlschrank stellen. Kurz vor dem Verzehr herausnehmen und mit geraspelter Orangenschokolade garnieren.

---

1 **Schoko-Orangen-Milchshake** 4 Kugeln Schokoladeneis mit 750 ml Milch, 2 EL Nuss-Nougat-Brotaufstrich und 1 TL abgeriebener Schale von 1 unbehandelten Orange rasch mit dem Mixer verrühren. In 3 hohe Gläser füllen. Das Ganze noch einmal für weitere 3 Gläser wiederholen.

2 **Schoko-Orangen-Becher** 200 g Frischkäse oder Mascarpone in eine Schüssel geben. 2 TL abgeriebene Schale von 1 unbehandelten Orange, 125 g griechischen Joghurt und 3 EL Zucker unterrühren, bis eine glatte Creme entsteht. 75 g fein gehackte dunkle Schokolade unterrühren und das Ganze in 6 Serviergläser füllen. Mit Keksbröseln bestreut servieren.

Waffeln mit weißer Schokolade und Aprikosen

Für 4 Personen

500 g Sahne
200 g weiße Schokolade
1 Dose Aprikosenhälften (400 g)
8 süße Waffeln (FP)
gehackte Pistazienkerne zum
  Bestreuen

- In einem kleinen Topf 300 g von der Sahne erhitzen, aber nicht kochen lassen.

- In der Zwischenzeit die weiße Schokolade grob reiben und in eine hitzebeständige Schüssel geben. Die heiße Sahne zur Schokolade gießen und rühren, bis die Schokolade geschmolzen ist.

- Die Aprikosen abtropfen lassen und in Scheiben schneiden. Die Waffeln toasten und jeweils 2 auf 1 Teller anrichten.

- Die restliche Sahne steif schlagen und auf den Waffeln verteilen, dann mit Aprikosenscheiben belegen. Mit einigen gehackten Pistazienkernen nach Belieben bestreuen. Dazu die Schokoladen-Sahne-Sauce reichen.

 Pochierte Aprikosen mit weißer Schokoladensauce 8 Aprikosen halbieren und entsteinen. Mit je 200 ml Wasser und Apfelsaft sowie 1 TL Vanillezucker und 2 TL Honig in einem Topf zum Kochen bringen, dann bei schwacher Hitze in 8–10 Minuten weich köcheln. Die Aprikosen in eine große flache Schüssel legen und abkühlen lassen. In der Zwischenzeit in einem kleinen Topf 300 g Sahne erhitzen, nicht kochen, und darin 200 geraspelte weiße Schokolade auflösen. Die Aprikosen in Dessertschalen anrichten und mit der weißen Schokoladensauce beträufelt servieren.

 Aprikosenmuffins mit weißer Schokolade Den Backofen auf 180 °C vorheizen. In einer großen Schüssel 100 g Zucker, 225 g Weizenmehl, 2 TL Backpulver, 75 g gehackte weiße Schokolade und 50 g gehackte getrocknete Aprikosen mischen. In einer zweiten Schüssel 2 Eier mit 50 g zerlassener Butter und 125 g Buttermilch oder Naturjoghurt verrühren. Zu den Trockenzutaten geben und alles zu einem glatten Teig verarbeiten. Den Teig in 12 gefettete oder mit Papier ausgelegte Muffinformen geben und im Backofen etwa 18–22 Minuten backen. Auf einem Kuchengitter kurze

Zeit abkühlen lassen, aber noch warm servieren.

Beerenkörbchen

Für 6 Personen

250 g Mascarpone
150 g Sahne
2 EL Zucker
1 TL Vanillezucker
6 Hippenschalen (FP) oder Mürbe-
teigtortelettes (FP)
500 g gemischte Beerenfrüchte
(z. B. Erdbeeren, Himbeeren und
Heidelbeeren)

- Mascarpone, Sahne, Zucker und Vanillezucker zu einer glatten Creme verrühren.

- Die Schalen bzw. Törtchen auf Tellern anrichten und mit der Creme füllen. Mit Beerenfrüchten belegen und sofort servieren.

Blätterteig-Beeren-Törtchen Den Back-
ofen auf 200 °C vorheizen. 320 g Blätterteig (TK) ausrollen und mit einer geriffelten Ausstechform 18 Kreise ausstechen. Die Teigkreise in 12 gefettete Muffinformen legen und je 1 TL gemischte Beerenkonfitüre einfüllen. Im Ofen in etwa 12 Minuten goldgelb und knusprig backen. Auf einem Kuchengitter abkühlen lassen und nach Belieben mit grobem Zucker bestreut oder mit Sahne oder Vanilleeis servieren.

Beeren-Crumble Den Backofen auf 180 °C vorheizen. 500 g gemischte Beerenfrüchte mit 2 EL braunem Zucker mischen und in eine gut gebutterte Auflaufform füllen. In einer Schüssel 75 g Weizenmehl mit 75 g weicher Butter und 2 EL Zucker vermengen, bis das Ganze eine streuselartige Konsistenz hat. Dann noch 75 g Haferflocken und 1 Handvoll Mandelblätter unterkneten. Die Teigkrümel gleichmäßig auf den Beeren verteilen und das Ganze im Ofen in 20 Minuten goldgelb backen. Mit Sahne oder Eis servieren.

30 Schokoriegel-Brownies

Für 4–6 Personen

200 g dunkle Schokolade
125 g Butter
2 große Eier
125 g brauner Zucker
75 g Weizenmehl
1 TL Backpulver
1 Schokoriegel nach Belieben

- Die Schokolade in Stücke brechen und in einem kleinen Topf mit der Butter bei schwacher Hitze schmelzen lassen.

- Den Backofen auf 180 °C vorheizen. In der Zwischenzeit in einer Schüssel Eier und Zucker verquirlen. Mehl und Backpulver unterrühren. Die Butter-Schoko-Mischung zugießen und alle Zutaten gut vermengen.

- Den Teig in 12 gefettete oder mit Papier ausgelegte Muffinformen geben. Den Schokoriegel in 12 Scheiben schneiden und jeweils 1 Scheibe vom Schokoriegel in die Brownies stecken. Im Ofen 18 Minuten backen. In der Form abkühlen lassen, warm oder kalt servieren.

Schokoriegel-Fondue
200 g Sahne, 125 g gehackte Schokoriegel und 125 g gehackte dunkle Schokolade in eine Schüssel geben und alles im heißen Wasserbad unter gelegentlichem Rühren schmelzen bzw. die Schokoriegel weich werden lassen. Das Ganze in einen Fonduetopf gießen und diesen auf ein Rechaud stellen. Dazu Früchte wie Erdbeeren und in dicke Scheiben geschnittene Banane oder Marshmallows zum Dippen servieren.

Schokoladencookies Den Backofen auf 180 °C vorheizen. In einer Schüssel 125 g weiche Butter mit 75 g Zucker cremig aufschlagen. 1 Eigelb unterrühren, dann 125 g Weizenmehl, 1 EL Kakaopulver, ½ TL Backpulver und 100 g gehackte Milchschokolade hinzufügen und unterarbeiten, bis ein homogener Teig entsteht. Mit feuchten Händen 16–20 Kugeln formen und flach drücken. Die Cookies auf 2 mit Backpapier bedeckte Bleche legen und im Ofen 12 Minuten backen. Auf einem Kuchengitter abkühlen lassen.

3 Hafer-Rosinen-Riegel

Für 6–8 Personen

200 g Butter

75 g Zuckerrübensirup oder flüssiger
Honig

150 ml Kondensmilch

125 g Zucker

325 g Haferflocken

75 g Rosinen

75 g Weizenmehl

2 TL Backpulver

- Den Backofen auf 180 °C vorheizen. In einem großen Topf Butter, Zuckerrübensirup oder Honig, Kondensmilch und Zucker bei mittlerer Temperatur erhitzen. Dann vom Herd nehmen und Haferflocken, Rosinen, Mehl und Backpulver einrühren. Gut vermengen.

- Das Ganze ca. 3,5 cm dick auf einer Fläche von etwa 25 x 25 cm auf einem gefetteten und mit Backpapier belegten Backblech ausstreichen. Im Ofen in 15–18 Minuten goldgelb backen.

- Aus dem Ofen nehmen und 2–3 Minuten in der Form abkühlen lassen. Dann herausnehmen und in 16 Quadrate oder in Riegel schneiden. 5 Minuten ruhen lassen, dann auf einem Kuchengitter vollständig abkühlen lassen.

---

1 Knusper-Erdbeer-Joghurt Auf den Boden von 6 Dessertschalen jeweils 1 EL Erdbeerkonfitüre geben. 300 g Erdbeerjoghurt mit 300 g Crème fraîche verrühren und auf der Konfitüre verteilen. Mit je 1 Handvoll Knuspermüsli und Rosinenmüsli bestreuen und sofort servieren.

2 Kokos-Rosinen-Cookies Den Backofen auf 180 °C vorheizen. In einer großen Schüssel 100 g Zucker mit 100 g Butter schaumig aufschlagen, dann 2 EL Zuckerrübensirup, 1 kleines Ei, 100 g Weizenmehl, ½ TL Backpulver, 75 g Haferflocken, 75 g Rosinen und 50 g Kokosraspel hinzufügen und unterarbeiten, bis ein glatter Teig entsteht. Mit zwei Teelöffeln kleine Häufchen auf 2 mit Backpapier belegte Bleche setzen und im Ofen in 12 Minuten goldgelb backen. Aus dem Ofen nehmen und auf einem Kuchengitter abkühlen lassen.

2 Rhabarberkompott

Für 4–6 Personen

750 g Rhabarber
3 EL Orangensaft
½ TL gemahlener Ingwer
50–100 g Zucker
2 EL Vanillepuddingpulver
600 ml Milch

- Den Rhabarber in 3,5 cm lange Stücke schneiden. Rhabarber mit Orangensaft, gemahlenem Ingwer und Zucker nach Geschmack in einem großen Topf erhitzen, bis sich der Zucker aufgelöst hat. Dann bei schwacher Hitze unter gelegentlichem Rühren etwa 8 Minuten köcheln, bis der Rhabarber weich ist. Den Topf vom Herd nehmen und den Kompott ein wenig abkühlen lassen.

- In der Zwischenzeit das Puddingpulver mit dem restlichen Zucker mischen, dann 2 EL von der Milch zugeben und alles glatt rühren. In einem Topf die restliche Milch aufkochen lassen. Ist es so weit, den Topf vom Herd nehmen und langsam das angerührte Puddingpulver einrühren. Dabei ständig rühren, damit sich keine Klümpchen bilden. Den Topf wieder auf den Herd stellen und erneut zum Kochen bringen. So lange rühren, bis der Pudding eindickt. Alternativ 600 g fertige Vanillesauce oder Vanillepudding aus dem Kühlregal verwenden.

- Den Rhabarber in Dessertschalen füllen und mit dem Vanillepudding servieren.

1 Rhabarberbiskuit

300 ml Vanillesauce (FP) mit 125 g Mascarpone und 1 TL Vanillezucker verrühren. Das Ganze auf einem Biskuitboden (FP) verstreichen. 400 g Rhabarberkompott oder Früchte aus dem Glas auf die Creme geben.

3 Rhabarber mit Mascarponepudding

Den Backofen auf 190 °C vorheizen. 500 g Rhabarber in 3,5 cm lange Stücke schneiden. In einer großen Schüssel mit 500 g braunem Zucker, dem Saft und der abgeriebenen Schale von 1 unbehandelten Orange und ½ TL gemahlenem Ingwer mischen. Das Ganze in eine gebutterte Auflaufform füllen und im Ofen etwa 15–20 Minuten backen. Herausnehmen und in der Form etwas abkühlen lassen. In der Zwischenzeit 125 g Mascarpone mit 300 ml Vanillesauce aus der Flasche und 1 TL Vanillezucker verrühren. 8 Nusskekse in einen kleinen Gefrierbeutel legen, diesen verschließen und die Kekse mit einem Nudelholz zerbröseln. Den Rhabarber in Dessertgläser füllen, je einen Klecks Mascarponepudding daraufgeben und mit den Kekskrümeln bestreut servieren.

30 Früchtepudding

Für 4–6 Personen

500 g gemischte Früchte
175 g Zucker
125 g weiche Butter
2 Eier
125 g Weizenmehl
½ TL Backpulver

- Den Backofen auf 200 °C vorheizen. In einer Schüssel die Früchte mit 50 g vom Zucker mischen und in eine gebutterte flache Auflaufform (20 x 25 cm) füllen.

- In einer weiteren Schüssel 125 g Zucker, Butter, Eier, Mehl und Backpulver zu einem glatten Teig verrühren. Den Teig auf den Früchten verteilen und gleichmäßig verstreichen. Im Ofen in 20–25 Minuten goldgelb backen. Nach Belieben mit Vanilleeis oder geschlagener Sahne servieren.

1 Biskuit mit warmen Früchten In einem Topf 500 g Früchte mit 50 g Zucker bei mittlerer Temperatur 5–7 Minuten erhitzen, bis der Zucker sich aufgelöst hat. Ab und zu umrühren. In der Zwischenzeit einen kleinen Biskuitkuchen (FP) in 4–6 Scheiben schneiden und jeweils 1 Scheibe auf 1 Teller anrichten. Die Früchte daraufgeben und jeweils mit einem Klecks geschlagener Sahne garniert servieren.

2 Früchtekuchen Den Backofen auf 200 °C vorheizen. In einer Schüssel je 125 g Margarine und Zucker schaumig aufschlagen. 150 g Weizenmehl, 2 TL Backpulver und 2 Eier unterrühren. 100 g Früchte vorsichtig unter den Teig heben. Den Teig in 12 gefettete oder mit Papier ausgelegte Muffinformen füllen und im Ofen in 12–14 Minuten blassgelb backen. Noch warm mit geschlagener Sahne oder Eis servieren.

Schokoladenpfannkuchen

Für 4–6 Personen

175 g Weizenmehl
2 TL Backpulver
25 g Zucker
1 Ei
225 g Buttermilch
75 g Schokolade, gehackt
Butter zum Braten

- In einer Schüssel Mehl, Backpulver und Zucker mischen. Das Ei verquirlen, mit der Buttermilch verrühren und zu den Trockenzutaten geben. Das Ganze zu einem glatten, dickflüssigen Teig verrühren, dann die Schokolade untermischen.

- In einer großen beschichteten Pfanne 1 kleines Stück Butter zerlassen und den Teig in großen Esslöffeln in die Pfanne geben. Jeden Pfannkuchen 1–2 Minuten braten, dann vorsichtig wenden und in 1 weiterer Minute goldgelb backen.

- Die Pfannkuchen mit geschlagener Sahne oder Eiskugeln und mit warmer Schokoladensauce beträufelt servieren.

Schokoladenbrownies In einem Topf 500 ml Vanillesauce (FP) sanft erhitzen, aber nicht kochen. Den Topf vom Herd nehmen und 75 g gehackte dunkle Schokolade unterrühren, bis diese geschmolzen ist. In der Zwischenzeit 4 Schokoladenbrownies auf Tellern anrichten. Die Sauce zum Servieren darübergießen.

Schokoladenpudding Den Backofen auf 180 °C vorheizen. In einer großen Schüssel 100 g weiche Butter mit 100 g Zucker, 150 g Weizenmehl, 1 TL Backpulver, 3 EL Kakaopulver, 125 ml Milch und 2 Eiern glatt verrühren. Die Masse in eine gebutterte Auflaufform geben. 50 g Zucker, 1 EL Kakaopulver sowie 125 ml kochendes Wasser verrühren und langsam über den Teig in der Form gießen. Im Ofen 18–20 Minuten backen. Dazu nach Belieben Eiscreme servieren.

Aprikosen-Mandel-Törtchen

Für 6 Personen

1 Ei
50 g Zucker
50 g weiche Butter
50 g gemahlene Mandeln
1 Pck. Mürbeteig (TK)
6 Aprikosenhälften im Saft
2 EL Mandelblättchen

- Den Backofen auf 180 °C vorheizen. In einer Schüssel das Ei mit Zucker, Butter und gemahlenen Mandeln zu einem glatten Teig verrühren.

- Den Mürbeteig auf einer leicht bemehlten Arbeitsfläche ausrollen und 6 Kreise in der Größe der Törtchenformen ausschneiden. Die Formen damit auskleiden, dann gleichmäßig mit der Mandelmischung füllen. Die Aprikosen abtropfen lassen und in Scheiben schneiden, darauflegen.

- Die Mandelblätter darüberstreuen und die Törtchen im Ofen etwa 12–15 Minuten backen. Dazu eine Kugel Eiscreme oder nach Belieben einen Klecks geschlagene Sahne reichen.

Aprikosen-Amaretti-Crumble 2 Dosen Aprikosenhälften im Saft (je 400 g) abtropfen lassen. Die Aprikosen mit einem Kartoffelstampfer grob pürieren. In 6 Bechergläser füllen. 200 g Sahne mit 1 TL Vanillezucker und 2 EL Puderzucker steif schlagen und auf das Püree geben. 4 Amaretti zerkrümeln und über das Dessert streuen. Sofort servieren.

Aprikosen-Mandel-Crumble Den Backofen auf 180 °C vorheizen. 2 Dosen Aprikosenhälften im Saft (je 400 g) abtropfen lassen, den Saft auffangen. Die Aprikosen in Scheiben schneiden und mit 2 EL vom Saft in eine Auflaufform füllen. 50 g gehackte Mandeln mit 125 g Weizenmehl, 75 g Zucker und 75 g weicher Butter mit den Händen so lange mischen, bis Streusel entstehen. Über die Aprikosen geben und im Ofen in etwa 20–25 Minuten goldgelb backen. Mit Eiscreme servieren.

Eiscreme mit Rum-Rosinen-Sirup

Für 2 Personen

25 g Butter
50 g brauner Zucker
2 EL Sahne
1 EL dunkler Rum
1 Handvoll Rosinen
4 Kugeln Vanilleeis

- In einem kleinen Topf die Butter mit Zucker und Sahne unter Rühren erhitzen, bis der Zucker sich vollständig aufgelöst hat. Rum und Rosinen zugeben und alles zum Kochen bringen. Den Topf vom Herd nehmen und die Rosinen einige Zeit quellen lassen. In dieser Zeit kann die Sauce ein wenig abkühlen.

- In der Zwischenzeit jeweils 2 Kugeln Eis in tiefen Tellern anrichten. Zum Servieren mit der warmen Sauce beträufeln.

Birnentrifle mit Rum und Rosinen In einem kleinen Topf 2 EL Rum mit 1 Handvoll Rosinen erhitzen. 1 Minute sanft köcheln, dann den Topf vom Herd nehmen und die Rosinen quellen lassen. In der Zwischenzeit 6 Löffelbiskuits in 2 Dessertgläsern anrichten. 1 Dose Birnen im Saft oder in Sirup (400 g) abtropfen lassen, 2 EL von der Flüssigkeit auffangen und mit 2 EL Rum verrühren. Den Birnen-Rum über die Löffelbiskuits träufeln. Die Birnenhälften in dicke Scheiben schneiden und in die Gläser legen. 150 g griechischen Joghurt mit 125 g Mascarpone glatt rühren und klecksweise auf die Birnen geben. Mit den marinierten Rosinen bestreuen und servieren.

Rum-Rosinen-Crêpes mit Eiscreme 75 g Weizenmehl mit 1 EL Zucker in eine Schüssel sieben. In die Mitte eine Vertiefung drücken. 1 Ei mit 200 ml Milch verrühren und in die Mulde gießen. Das Ganze zu einem glatten Teig verrühren. 10–15 Minuten ruhen lassen. In der Zwischenzeit in einem kleinen Topf 3 EL dunklen Rum mit 1 Handvoll Rosinen, 25 g Butter und 2 EL Wasser bei mittlerer Temperatur erhitzen. So lange rühren, bis sich der Zucker vollständig aufgelöst hat und nach ca. 2–3 Minuten ein Sirup entstanden ist. Beiseitestellen. In einer Pfanne etwas Butter zerlassen und so viel Teig hineingeben, dass der Boden dünn bedeckt ist. Die Pfanne schwenken, damit sich der Teig gleichmäßig verteilt. 1–2 Minuten garen, dann vorsichtig wenden und 1 weitere Minute backen. Herausnehmen und warm halten. Den restlichen Teig ebenso backen. Crêpes zusammenlegen und auf vorgewärmten Tellern anrichten. Mit Eis und dem Rum-Rosinen-Sirup beträufelt servieren.

3 Cranberrybirnen

Für 4–6 Personen

1,2 l Cranberrysaft
2 EL flüssiger Honig
1 TL Mark aus 1 Vanilleschote
2 TL Zitronensaft
6 große Birnen

- In einem großen Topf den Cranberrysaft mit Honig, Vanillemark und Zitronensaft langsam zum Kochen bringen.

- In der Zwischenzeit die Birnen schälen, in Viertel schneiden und entkernen. Die Birnenviertel im Topf etwa 15 Minuten sanft köcheln lassen. Die Birnen sollten die ganze Zeit mit Flüssigkeit bedeckt sein. Den Topf vom Herd nehmen und die Birnen etwa 10 Minuten abkühlen lassen.

- Die Früchte in Servierschalen anrichten und die Pochierflüssigkeit daraufgießen.

---

1 Müslibirnen 75 g Haferflocken mit 50 g gehackten Nüssen, 50 g Zucker und 50 g zerlassener Butter verrühren, dann in einer großen Pfanne unter Rühren in 5–6 Minuten knusprig rösten. Zum Abkühlen in einer flachen Schale verteilen, dann 50 g getrocknete Cranberrys unterrühren. Jeweils 2 abgetropfte Birnenhälften im Saft in 4–6 Dessertschalen anrichten und mit dem Müsli bestreut servieren.

2 Birnen-Cranberry-Crumble Den Backofen auf eine Temperatur von 180 °C vorheizen. 75 g Haferflocken mit 50 g gehackten Nüssen, 50 g Zucker und 50 g zerlassener Butter verrühren und beiseitestellen. 2 Dosen (je 400 g) Birnenhälften im Saft abtropfen lassen, 2 EL Flüssigkeit auffangen. Birnen würfeln und mit 50 g getrockneten Cranberrys, dem aufgefangenen Saft, 1 EL flüssigem Honig und 1 TL Vanillezucker mischen und in eine flache Auflaufform geben. Das Haferflocken-Crumble darüberstreuen und alles im Ofen in 12–15 Minuten goldgelb backen. Dazu nach Belieben Eis servieren.

30 Zitronen-Cupcakes

Für 6 Personen

125 g weiche Butter
125 g Zucker
125 g Weizenmehl
1 ½ TL Backpulver
2 Eier
1 EL Milch
2 TL abgeriebene Schale von 1 unbehandelten Zitrone
150 g Puderzucker
2 TL Zitronensaft
bunte Zuckerstreusel zum Garnieren

- Den Backofen auf 190 °C vorheizen. In einer großen Schüssel Butter, Zucker, Mehl, Backpulver, Eier, Milch und 1 TL Zitronenschale schaumig schlagen.

- Den Teig in 12 gefettete oder mit Papier ausgelegte Muffinformen füllen und im Ofen in 12–15 Minuten goldgelb backen. Auf einem Kuchengitter abkühlen lassen.

- In der Zwischenzeit den Puderzucker sieben und mit der restlichen Zitronenschale und so viel Zitronensaft verrühren, dass ein dicker Guss entsteht. Die Cupcakes damit bestreichen und mit Streuseln garnieren. Den Guss fest werden lassen.

1 Gefüllte Zitronen-Cupcakes 150 g Sahne mit 1 TL abgeriebener Schale von 1 unbehandelten Zitrone und 1 EL gesiebtem Puderzucker steif schlagen. Von 12 Zitronen- oder Vanille-Cupcakes (FP) einen Deckel abschneiden und jeweils mit der Zitronensahne bestreichen. Jeweils einen Klecks Schlagsahne daraufgeben und nach Belieben mit bunten Zuckerstreuseln garnieren. Die Deckel zum Servieren vorsichtig aufsetzen.

2 Zitroneneis-Muffins Von 6 Zitronenmuffins (FP) jeweils einen Deckel abschneiden. Die Muffins vorsichtig etwas aushöhlen, dann mit je 1 Kugel Zitroneneis füllen und die Deckel wieder aufsetzen. 10 Minuten ins Tiefkühlfach stellen. In der Zwischenzeit in einem Topf 50 g Zucker mit 2 EL Wasser unter Rühren sanft erhitzen. Dann die Temperatur höher stellen und in 2–3 Minuten zu einem Sirup köcheln. Den Topf vom Herd nehmen und 1 EL Zitronensaft einrühren. Muffins aus dem Tiefkühlfach nehmen, mit dem Sirup beträufeln und mit bunten Zuckerstreuseln garniert servieren.

Orangensahne mit Mandarine und Baiser

Für 6 Personen

500 g Sahne
1 TL abgeriebene Schale von
  1 unbehandelten Orange
75 g Baisers
1 Dose Mandarinen im Saft (400 g)

- Die Sahne mit der Orangenschale so lange steif schlagen, bis weiße Spitzen am Rührgerät hängen bleiben.

- Die Baisers zerbröckeln und mit den abgetropften Mandarinen (jeweils etwas zum Garnieren beiseitelegen) unter die Sahne heben. Die Mischung in 6 Dessertgläser verteilen. Mit Mandarinen belegt und Baiser bestreut servieren.

Mandarinennester mit weißer Schokolade

150 g weiße Schokolade in Stücke brechen und in einer Schüssel im heißen Wasserbad schmelzen lassen, dann glatt rühren und etwas abkühlen lassen. In der Zwischenzeit 150 g Sahne mit 1 TL abgeriebener Schale von 1 unbehandelten Zitronen steif schlagen und 6 Baiserschalen (FP) damit füllen. Mit 300 g abgetropften Mandarinen aus der Dose belegen, dann jeweils 1 TL Schokolade darüberträufeln. In den Kühlschrank stellen, bis die Schokolade fest geworden ist. Alternativ zerbröckelte Baisers, Sahne, Früchte und Schokolade schichtweise in großen Gläsern anrichten.

Mandarinenmuffins

Den Backofen auf 180 °C vorheizen. 150 g abgetropfte Mandarinen aus der Dose in gefettete Muffinformen legen. In einer großen Schüssel 250 g Weizenmehl, 1 TL Backpulver, 1 TL Backnatron, 100 g Zucker und 1 TL abgeriebene Schale von 1 unbehandelten Orange mischen. In einer zweiten Schüssel 1 Ei mit 75 ml Pflanzenöl und 150 g Buttermilch verrühren, zu den Trockenzutaten geben und einen glatten Teig anrühren. Das Ganze in die Muffinformen geben. Im Ofen 18–22 Minuten backen. Aus der Form nehmen und die Muffins umgedreht auf Tellern anrichten. Mit flüssiger Sahne beträufelt und mit 150 g abgetropften Mandarinen aus der Dose garniert servieren.

Vanille-Bananen-Joghurt

Für 4 Personen

4 große reife Bananen
1 EL flüssiger Honig
1 TL Vanillezucker
500 g Naturjoghurt

• Die Bananen schälen und grob zerkleinern. In einer Schüssel mit Honig und Vanillezucker musen, dann den Joghurt unterrühren.

• Die Mischung in 4 Tassen verteilen und mit frischen Heidelbeeren bestreut und nach Belieben mit zusätzlichem Joghurt servieren.

Gebackene Bananen mit Vanillesahne Den Backofen auf hohe Temperatur vorheizen. 4 große ungeschälte Bananen der Länge nach einschneiden und jeweils 1 TL Honig in die Öffnung geben. Jeweils mit 25 g Butter in Flöckchen belegen, dann einzeln in Alufolie wickeln und im Ofen bei etwa 15 Minuten backen. Dann sollte das Fruchtfleisch weich und die Schale schwarz geworden sein. In der Zwischenzeit 150 g Sahne mit dem Mark von 1 Vanilleschote und Zucker nach Belieben steif schla-gen. Die Bananen auf Tellern an-richten und mit der Vanillesahne servieren.

Vanille-Bananen-Kuchen Den Backofen auf 180 °C vorheizen. In einer Schüssel 1 Ei mit 100 g weicher Butter, 75 g braunem Zucker, dem Mark von 1 Vanilleschote und 1 zerdrückten reifen Banane verrühren. 100 g Weizenmehl und 2 TL Backpulver unterarbeiten. 8 gefettete oder mit Papier ausgelegte Muffinformen damit füllen und im Ofen in 18–20 Minuten goldgelb backen. Aus dem Ofen nehmen, auf Servierteller setzen und mit warmer Vanillesauce oder flüssiger Sahne servieren.

1 Obstsalat

Für 6 Personen

1 kleine reife Ananas
1 kleine reife Melone
250 g Erdbeeren
150 g kernlose Weintrauben
2 EL Apfel- oder Holunderblütenlikör

- Die Ananas schälen, dann vierteln und dabei den harten Innenstrunk herausschneiden. In mundgerechte Stücke teilen und in eine Schüssel legen. Den Saft auffangen.

- Die Melone halbieren und mithilfe eines Löffels die Kerne entfernen. Melone noch einmal durchschneiden und schälen. In mundgerechte Stücke zerteilen und zur Ananas geben. Den Saft wieder für die weitere Zubereitung auffangen.

- Erdbeeren und Weintrauben halbieren und hinzufügen.

- Die aufgefangenen Säfte mit dem Likör mischen und über den Obstsalat träufeln. Alles gut mischen, nach Belieben süßen und sofort servieren.

---

2 Obstsalattörtchen

Den Backofen auf 190 °C vorheizen. 50 g zerlassene Butter auf 6 Scheiben Filoteig (je 30 x 40 cm) streichen, dann den Teig falten und noch einmal falten, bis er in 6 Vertiefungen einer Muffinform passt. Die Törtchen mit 2 EL Zucker bestreuen und im Ofen in 8–10 Minuten knusprig backen. Auf einem Kuchengitter abkühlen lassen. Jedes Törtchen mit 2 EL kaltem Vanillepudding (FP oder selbstgemacht) füllen, dann 400 g gemischte Fruchtstücke nach Saison und Belieben auf die Törtchen verteilen und servieren.

3 Fruchtjoghurtparfait

In einer Schüssel 500 g gemischte Früchte mit 450 g Frucht- oder Naturjoghurt und 2–3 EL flüssigem Honig zu einer glatten Creme pürieren. Vor dem Servieren 20–25 Minuten tiefgefrieren, zwischendurch mit einer Gabel immer wieder verrühren.

Kirschschnecken

Für 6 Personen

3 EL Zucker

375 g Blätterteig (FP)

4–5 EL Kirschkonfitüre

- Eine Arbeitsfläche gleichmäßig mit dem Zucker bestreuen und den Blätterteig darauf ausrollen, sodass der Zucker anhaftet. Die Konfitüre dünn auf dem Blätterteig verstreichen, dann fest aufrollen.

- Die Teigrolle in 24 ca. 1 cm breite Streifen schneiden, diese auf 2 mit Backpapier belegte Backbleche legen und im vorgeheizten Backofen bei 200 °C in 12–15 Minuten knusprig backen. Auf einem Kuchengitter vor dem Servieren etwas abkühlen lassen.

Schokolade-Kirsch-Trifle 1 kleinen Schokoladenkuchen (FP) in Scheiben schneiden und eine Glasform damit auslegen. 500 g Kirschgrütze (FP) darauf verstreichen. Dann mit 300 g Schokopudding gleichmäßig bedecken. 150 g Sahne mit etwas Zucker steif schlagen und klecksweise auf den Pudding setzen. Mit geriebener Schokolade bestreut servieren.

Biskuitrolle mit Kirschkonfitüre Den Backofen auf 200 °C vorheizen. Ein Backblech (33 x 23 cm) leicht fetten und mit Backpapier belegen. In einer Schüssel 3 Eier mit 100 g Zucker schaumig schlagen. 100 g gesiebtes Weizenmehl und 1 TL gesiebtes Backpulver unterrühren. Den Teig gleichmäßig auf das Backblech streichen. Im Backofen in 10–12 Minuten goldgelb backen. In der Zwischenzeit ein großes Stück Backpapier auf ein sauberes Küchenhandtuch legen und mit 2 EL feinem Zucker bestreuen. Den Biskuitboden darauf stürzen, das Backpapier vom Backvorgang abziehen. Die Teigplatte mithilfe des Küchenhandtuchs fest aufrollen. 5 Minuten abkühlen lassen, dann vorsichtig wieder auseinanderrollen, das zweite Backpapier entfernen und den Biskuitteig 2–3 Minuten weiter abkühlen lassen. Mit Kirschkonfitüre bestreichen, wieder aufrollen und zum Servieren in Scheiben schneiden. Dazu frisch geschlagene Sahne servieren.

1 Apfel-Ingwer-Crunch

Für 4 Personen

50 g Butter
75 g gemischte gehackte Nüsse
1 TL gemahlener Ingwer
3 EL Zucker
50 g Semmelbrösel
3 große Äpfel
200 g Crème fraîche

- In einer großen Pfanne die Butter zerlassen. Nüsse, Ingwer, Zucker und Semmelbrösel darin bei mittlerer Temperatur in 6–7 Minuten unter ständigem Rühren knusprig braten. Auf einem großen Teller abkühlen lassen.

- In der Zwischenzeit die Äpfel schälen, entkernen und in Scheiben schneiden. In einer weiteren Pfanne die Apfelscheiben in etwas Butter kurz dünsten.

- Die Äpfel auf 4 Dessertschalen aufteilen und jeweils einen Klecks Crème fraîche daraufgeben. Mit den gerösteten Nüssen bestreuen und servieren.

2 Apfel-Ingwer-Baisers

Den Backofen auf 180 °C vorheizen. 3 große Äpfel schälen, entkernen und in Scheiben schneiden. In einer Pfanne die Apfelscheiben in etwas Butter kurz dünsten. Die Apfelscheiben mit 2 EL braunem Zucker und 1 TL gemahlenem Ingwer mischen und in 4 kleine Auflaufformen verteilen. 1 großes Eiweiß steif schlagen, 50 g Zucker löffelweise unterrühren. Die Baisermischung auf die Äpfel geben und im Ofen in 8–10 Minuten backen, das Baiser sollte nicht zu braun werden. Sofort servieren.

3 Ingwerkekse mit Apfelkompott

Den Backofen auf 180 °C vorheizen. In einer Pfanne 100 g Butter mit 125 ml Zuckerrübensirup bei schwacher Hitze zerlassen und beiseitestellen. In einer großen Schüssel 325 g Weizenmehl, 1 ½ TL Backpulver, 1 TL Backnatron, 2 TL gemahlenen Ingwer und 150 g Zucker verrühren. Die Butter-Sirup-Mischung zugießen und das Ganze gut mischen. Mit den Händen aus dem Teig 20 Kugeln formen. Auf 2 mit Backpapier belegte Bleche setzen, etwas flach drücken und im Ofen 15–18 Minuten backen, bis die Oberfläche leicht rissig ist. In der Zwischenzeit in einem Topf 2 große geschälte, entkernte und in Scheiben geschnittene Äpfel mit 3 EL braunem Zucker und 1 Schuss Wasser etwa 10 Minuten unter gelegentlichem Rühren sanft köcheln, bis die Äpfel weich sind. Die Kekse zum Abkühlen auf ein Kuchengitter legen. Die Äpfel in Schälchen anrichten, nach Belieben mit jeweils einem Klecks Crème fraîche garnieren. Mit den Keksen servieren.

Pfirsich-Zimt-Käsekuchen

Für 6 Personen

250 g Butterkekse
1 TL gemahlener Zimt
125 g weiche Butter
400 g Frischkäse
120 g Pfirsichjoghurt
100 g Puderzucker
1 Dose Pfirsichhälften in Sirup (400 g)

- In eine große Schüssel die Kekse bröseln und mit der Hälfte des Zimts und der Butter gut mischen. Den Teig auf dem Boden einer Springform (22 cm Durchmesser) verteilen und andrücken. Kalt stellen.

- In der Zwischenzeit in einer Schüssel Frischkäse, Joghurt, Puderzucker und den restlichen Zimt zu einer glatten Creme verrühren. Gleichmäßig auf dem Teigboden verstreichen, für 20 Minuten in den Kühlschrank stellen.

- Die Pfirsiche in Scheiben schneiden und auf der Creme verteilen.

Pfirsich-Zimt-Smoothie 1 Dose Pfirsichhälften (400 g) mit Saft, ½ TL Zimtpulver, 300 ml kalten Orangensaft und 2 geschälte, in Stücke geteilte Bananen in eine Rührschüssel geben. Das Ganze zu einem Smoothie mixen und mit Eiswürfeln in 3 Gläser gießen. Das Ganze für weitere 3 Gläser wiederholen.

Arme Ritter In einer großen flachen Schüssel 3 Eier und 1 Eigelb mit 125 g Zucker, 1 TL gemahlenem Zimt und 300 ml Milch verrühren. 3 dicke Scheiben Weißbrot in die Mischung tauchen, bis diese ganz überzogen sind. In einer großen Pfanne 50 g Butter zerlassen und die Brotscheiben darin von jeder Seite in 2 Minuten goldgelb braten. Herausnehmen und 3 weitere Scheiben so zubereiten. Nach Belieben mit in Scheiben geschnittenen Pfirsichen servieren.

30 Rosinenpudding

Für 6 Personen

6 EL Zuckerrübensirup
125 g weiche Butter
125 g Weizenmehl
2 TL Backpulver
125 g Zucker
2 große Eier
1 TL Vanillezucker
75 g Rosinen

- Den Backofen auf 200 °C vorheizen. Den Zuckerrübensirup in eine gebutterte flache Auflaufform geben (20 x 25 cm).

- In einer Schüssel die restlichen Zutaten schaumig aufschlagen und auf dem Sirupboden verstreichen. Im Ofen in 20–25 Minuten goldgelb backen.

- Nach Belieben mit halbfest geschlagener Sahne oder Vanillesauce servieren.

1 Rosinenwaffeln In einem Topf 25 g Butter mit 6 EL Ahornsirup oder Zuckerrübensirup zerlassen. 75 g Rosinen einrühren und darin erwärmen. In der Zwischenzeit 6 süße Waffeln (FP) goldgelb toasten und jeweils 1 Waffel auf 1 Teller anrichten. Eine Kugel Vanilleeis daraufgeben und mit der Sirupsauce beträufeln.

2 Apfel-Rosinen-Tarte Den Backofen auf 180 °C vorheizen. 320 g süßen Mürbeteig (TK) ausrollen und einen Kreis (23 cm Durchmesser) ausschneiden. Den Boden einer Tarteform damit belegen. Überhängenden Teig abschneiden. Den Boden mehrmals mit einer Gabel einstechen, mit Backpapier belegen und Bohnen oder Reiskörner daraufstreuen. Im Ofen 12 Minuten blindbacken, dann Bohnen und Papier entfernen und weitere 5 Minuten backen, bis der Boden knusprig und blassgelb ist. In der Zwischenzeit 4 Äpfel schälen, entkernen und in dicke Stücke schneiden. Mit 50 g Butter, 50 g Rosinen, 2 EL Ahornsirup oder Zuckerrübensirup, ½ TL gemahlenem Zimt und 1 TL Zitronensaft in einem Topf bei schwacher Hitze etwa 10 Minuten dünsten, bis die Äpfel weich sind. Die Mischung auf dem Teigboden verteilen und mit Vanilleeis oder halbfest geschlagener Sahne servieren.

Schokoladensauce zu Eiscreme

Für 6–8 Personen

250 g dunkle Schokolade
3 EL Zuckerrübensirup
25 g Butter
100 g Sahne

- In einem kleinen Topf alle Zutaten bei schwacher Hitze langsam schmelzen lassen. So lange rühren, bis die Sauce glatt ist und glänzt.

- Abkühlen lassen. Die Sauce über Vanilleeis und Früchte geträufelt servieren.

Schokoladen-Cupcakes Den Backofen auf 190 °C vorheizen. In einer großen Schüssel 2 Eier mit 125 g weicher Butter, 125 g Zucker, 125 g Weizenmehl, 1 TL Backpulver und 1 EL gesiebtem Kakaopulver schaumig aufschlagen. 100 g Schokoladenraspel unterarbeiten. Den Teig in 12 gefettete oder mit Papier ausgelegte Muffinformen geben. Im Ofen 12–14 Minuten backen. Auf einem Kuchengitter abkühlen lassen.

Schokoladenkuchen Den Backofen auf 190 °C vorheizen. In einer großen Schüssel 175 g weiche Butter, 175 g Zucker, 175 g Weizenmehl, 2 TL Backpulver, 2 EL gesiebtes Kakaopulver und 3 große Eier schaumig aufschlagen. In 2 quadratische, gefettete und mit Backpapier ausgelegte Kuchenformen (20 x 20 cm) verstreichen und im Ofen 20–22 Minuten backen. Auf ein Kuchengitter stürzen und das Papier abziehen.

Die erkalteten Kuchen mit einem Guss oder Konfitüre zusammensetzen und in Stücke schneiden. Alternativ den Kuchen warm mit Eis und mit Schokoladensauce beträufelt servieren.

Stichwortregister

*Die Seitenzahlen in kursiver Schrift
verweisen auf Fotos.*